Schlösser, Gutshäuser und Parks in Mecklenburg-Vorpommern

Vom Heiligen Damm bis zur Feldberger Seenlandschaft

Dieser Band erscheint mit freundlicher Unterstützung der
GFI-Gesellschaft zur Förderung der kommunalen Infrastruktur
und der Fremdenverkehrswirtschaft mbH, Hannover.

Neidhardt Krauß
Egon Fischer

Schlösser, Gutshäuser und Parks in Mecklenburg-Vorpommern

Vom Heiligen Damm bis zur Feldberger Seenlandschaft

HINSTORFF

Die Deutsche Bibliothek – CIP-Einheitsaufnahme
Schlösser, Gutshäuser und Parks in Mecklenburg-Vorpommern /
Neidhardt Krauß ; Egon Fischer. – Rostock : Hinstorff
Bd. 2. Vom Heiligen Damm bis zur Feldberger Seenlandschaft.
- 1. Aufl. - 2002
ISBN 3-356-00948-6

1. Auflage 2002
Karte: Anke Groenendaal (Erfurt)
Druck und Bindung: Druckhaus Gera GmbH
Printed in Germany
ISBN 3-356-00948-6

INHALT

Vorwort

Als 1990 das Bundesland Mecklenburg-Vorpommern gegründet wurde, war nicht bekannt, wie viele Schlösser oder Gutshäuser noch vorhanden waren. Heute kennt man ihre Zahl genau, es sind mehr als 1 500.

Seitdem im natursteinarmen Norddeutschland harte Ziegelsteine gebrannt wurden, errichtete man neben den großen Stadtkirchen der Gotik, den Burgen und Schlössern der Landesfürsten, überall dort wo Landwirtschaft betrieben wurde, Wohn- und Wirtschaftsbauten aus diesen Materialien. Neben Stallungen und Scheunen, Brennereien und Molkereien entstanden in den Dörfern Tagelöhnerkaten, Büdnereien und Schnitterkasernen, aber auch, meist als Mittelpunkt landwirtschaftlicher Betriebe (Güter), Wohnbauten für deren Besitzer, die sich durch Größe, architektonische Besonderheiten, Nebengebäude und der Lage im oder an einem Park von den übrigen Häusern in den Dörfern unterschieden. Viele unbekannte und bekannte Architekten lieferten dafür Entwürfe, die von einheimischen Bauleuten in sehenswerter Qualität umgesetzt wurden.

Aus dem Mittelalter sind nur noch wenige Burgen und Burgtürme erhalten geblieben. Aus der Renaissance und dem Barock findet man schon eine größere Zahl erhaltener, wenngleich auch oft umgebauter Bauwerke. Besonders im 19. Jahrhundert wurden viele Schlösser und Gutshäuser errichtet und Parks angelegt. Ausgangspunkt dafür war die sich durch wissenschaftlich-technischen Fortschritt auszeichnende, hohe Gewinne abwerfende, landwirtschaftliche Produktion. Mit dem Beginn des Ersten Weltkriegs endet die Neubautätigkeit.

Die veränderte Weltwirtschaftssituation in der ersten Hälfte des 20. Jahrhunderts bedingte auch einen Niedergang der Landwirtschaft, was nicht selten zu Konkursen, Zwangsverkäufen und Neubesiedlungen der Güter mit eigenständig wirtschaftenden Bauern auf eigener Scholle führte, die bis dahin in der Landwirtschaft Mecklenburgs und Vorpommerns nur eine untergeordnete Rolle spielten. In diesem Zusammenhang wurden auch so manche Schlösser und Gutshäuser als Schulungs- oder Altersheim genutzt. Besonders nach dem Zweiten Weltkrieg dienten die Schlösser und Gutshäuser Umsiedlern und Flüchtlingen als Wohnungen und wandelten sich zu Mehrfamilienhäusern. Die Parks lieferten Brennholz, was natürlich nicht spurlos an ihnen vorüberging. Umbauten, Neubauten, aber auch andere Nutzungen, wie z. B. Freilichtbühnen in den Parks, veränderten die bauhistorische Situation in den Dörfern erheblich.

Durch den gesellschaftlichen Umbruch nach 1989/90 entstand hinsichtlich der Nutzung der Schlösser und Gutshäuser eine neue Situation. In der Regel gehörte dazu der Verlust jeglicher Nutzung als Wohnraum wie auch Arztstationen, Kindergärten, LPG-Verwaltungen, Dorfkonsum, Gaststätten, Ferien- oder Altersheime.

Allerdings brachte die Privatisierung auf dem Lande, auch der Schlösser und Gutshäuser, wieder andere Möglichkeiten, die Gebäude zu verwerten, mit sich, die von der Wohnung im Schloss über die Nutzung als Verwaltungssitze neuer landwirtschaftlicher Betriebe bis hin zu Ferieneinrichtungen und Hotels reicht. So weist nach Jahren der Stagnation in vielen Dörfern die Rekonstruktion der Schlösser und Gutshäuser bereits sehenswerte Erfolge auf, von denen in diesem Buch auch berichtet wird.

Es soll jedoch nicht verschwiegen werden, das viele Schlösser und Gutshäuser bis heute keinen neuen Eigentümer, keine neue Zweckbestimmung gefunden haben, was für alle sichtbar, zu schnellem Verfall führt, denn: *»Nichts gedeiht ohne Pflege; und die vortrefflichsten Dinge verlieren durch unzweckmäßige Behandlung ihren Wert«* (Peter Joseph Lenné).

In diesem Band werden ausgewählte Bauwerke und Parks in den Kreisen Bad Doberan, Güstrow, Müritz und Mecklenburg-Strelitz, vorgestellt.Die Fotos entstanden zwischen Mai 2000 und Mai 2001. Für Hinweise und Ergänzungen sind die Autoren und der Verlag dankbar.

Neubrandenburg und Stäbelow bei Rostock im November 2001.

Dr. Neidhardt Krauß
Egon Fischer

Ausgewählte geschichtliche Ereignisse in Mecklenburg

Um 600 Die slawische Besiedlung des mecklenburgischen Raums ist abgeschlossen.

um 1160 Tod des Slawenfürsten Niklot bei Kämpfen um die Burg Werle, Besetzung des Landes durch Heinrich den Löwen, der Niklots Sohn Pribislaw in die mecklenburgische Herrschaft einsetzt, Ansiedlung deutscher Vasallen in den ehemaligen slawischen Burgen.

1227 Mit Heinrich Borwin stirbt der letzte slawische Fürst Mecklenburgs. Nach seinem Tod entstehen vier mecklenburgische Fürstentümer.

1227 Das Land Stargard gehört zu Pommern.

1236 Vertrag von Kremmen. Die Pommernherzöge schließen gegen den Bischof von Schwerin einen Vertrag mit den Brandenburgischen Markgrafen, überlassen diesen dafür die Länder Stargard, Beseritz und Wustrow.

1256 Fürst Johann erbaut in Wismar ein Schloss, das 100 Jahre der Stammsitz der mecklenburgischen Fürsten ist.

1259 Zusammenschluss der Städte Wismar, Rostock und Lübeck zur Bekämpfung von See- und Straßenraub.

1316 Die Mecklenburger besiegen in der Schlacht bei Gransee die Brandenburger.

1317 Templiner Frieden. Das Land Stargard geht endgültig an Mecklenburg über.

1348 Durch Kaiser Karl IV. werden die Fürsten von Mecklenburg zu Reichsfürsten erhoben.

1419 Gründung der Universität Rostock.

1471 Tod Ulrichs von Stargard. Da dieser stirbt, ohne Erben zu hinterlassen, geht das Land Stargard auf Herzog Heinrich IV, »den Dicken« über und Mecklenburg ist wieder in einer Hand vereinigt.

um 1475 Erste mecklenburgische Druckerei in Rostock.

1510/12 Ulrich von Hutten hält Vorlesungen an der Rostocker Universität.

1520 Erste lutherische Predigten in Rostock.

1527 Das Sternberger Kloster wird reformiert.

1549 Auf dem Landtag von Sternberg wird der reformierte Glaube zur Landeskonfession bestimmt.

1552 Säkularisierung der Klöster Dargun, Doberan, Marienehe, Tempzin, Eixen, Kraak, Broda und Rehna; Gründung der Domschule Güstrow.

1553 Gründung der Fürstenschule Schwerin.

1555 Säkularisierung der Klöster Zarrentin, Ivenack, Wanzka und Neukloster.

1572 Die Polizei- und Landordnung für Mecklenburg tritt in Kraft.

1576 Herzog Johann Albrecht I. stirbt; in seinem Testament ist nun erstmals von der Erstgeburtserbfolge (Primogenitur) die Rede.

1611 Ämterteilung von Fahrenholz. Mecklenburg wird in eine Schweriner und Güstrower Linie geteilt.

1628 Kaiserliche Truppen unter Tilly und Wallenstein fallen in Mecklenburg ein. Die Festung Dömitz wird an Wallenstein übergeben. Wallenstein erhält Mecklenburg als erbliches Lehen.

1631 Der schwedische König Gustav Adolf besetzt Neubrandenburg, später Erstürmung der Stadt durch Tillys kaiserliche Truppen.

1644 Das »feste Schloss« Boitzenburg wird durch den brandenburgischen General Gallas gesprengt.

1648 Angliederung des Landes Ratzeburg an Mecklenburg.

1695 Herzog Gustav Adolf von Mecklenburg-Güstrow verstirbt, ohne einen Erben zu hinterlassen.

1697 Durch kaiserlichen Schiedsspruch wird der Schweriner Herzog Friedrich Wilhelm als Landesherr von Mecklenburg-Güstrow eingesetzt.

1701 Hamburger Vergleich. Die Erstgeburtserbfolge wird verbindlich festgelegt. Der Schweriner Herzog wird als alleiniger Nachfolger für den Güstrower Landesteil bestimmt. Herzog Adolf Friedrich II. (der Schwiegersohn des verstorbenen Gustav Adolf) erhält für seinen Verzicht auf die Erbfolge eine Abfindung in Form erblicher Überlassung des Fürstentums Ratzeburg und der Herrschaft Stargard. Das Herzogtum Mecklenburg-Strelitz entsteht.

1712 Die erste Jagd- und Forstordnung wird in Mecklenburg-Strelitz erlassen.

1713 Die Bauern-, Schulzen- und Holzordnung in Mecklenburg-Schwerin wird erlassen. Einführung des Gregorianischen Kalenders.

1720 erster gemeinsamer Landtag beider Mecklenburgs.

1725 Das Grabower Schloss brennt ab.

1730/40 Einführung des Kartoffelanbaus in Mecklenburg.

1752 Erneuerung des Schutz- und Erbfolgevertrages mit dem Preußischen König.

1755 Annahme des landesgrundgesetzlichen Erbvergleiches. Einsetzung einer Direktorialkommission. Alle ritterschaftlichen Güter werden vermessen und bonitiert. Konsolidierung der Ritterschaft und Landschaft.

1756 Preußische Truppen besetzen Mecklenburg. Beginn des Siebenjährigen Krieges.

1760 Gründung der Universität Bützow (die bis 1789 besteht).

1769 Aufhebung der Folter.

1791 An der Stelle des abgebrannten alten Strelitzer Schloss entsteht das Landesarbeits-, Zucht- und Irrenhaus.

1795 Bau des ersten Badehauses am Heiligen Damm bei Doberan. Damit war das erste deutsche Ostseebad gegründet worden.

1803 Malmöer Vertrag. Mecklenburg erhält die Herrschaft über Wismar sowie die Ämter Poel und Neukloster für 1,75 Mill. preußische Taler zurück (Pfandvertrag für einhundert Jahre).

1806 Französische Truppen unter General Bernadotte besetzen Fürstenberg und später ganz Mecklenburg.

1808 Beide Mecklenburg treten dem Rheinbund bei und müssen Bundestruppen stellen.

1812 Das Mecklenburger Militärkontingent muss am Russlandfeldzug Napoleons teilnehmen.

1813 Aufruf zum freiwilligen Dienst in der Infanterie durch Herzog Friedrich Franz I. Theodor Körner fällt als Adjutant des Major von Lützow bei Wöbbelin.

1814/15 Wiener Kongress. Die Mecklenburgischen Minister von Plessen und von Oertzen nehmen teil. Die beiden Mecklenburgischen Herzoghäuser werden in den Rang von Großherzogtümern erhoben.

1817 Einrichtung des Landesarbeitshauses im Schloss Güstrow.

1818 Justizreform, Oberster Gerichtshof in Parchim.

1819 Landtag in Sternberg. Beschluss über die Aufhebung der Leibeigenschaft in beiden Mecklenburg (Edikte dazu erst 1820).

1827 Erster Chausseebau in Mecklenbug-Schwerin (Grabow-Boitzenburg).

1834 Die Dampfschiffverbindung Rostock-Warnemünde wird eröffnet.

1844 Beginn des Baus der Eisenbahnstrecke Berlin-Hamburg.

1845 Bau der Eisenbahnstrecke Hagenow-Schwerin-Rostock.

1848 Bewilligung der Pressefreiheit, ein Wahlgesetz zu einer Ständeversammlung wird erlassen, Abgeordnetenversammlung im Schweriner Dom (31. Oktober).

1853 Baubeginn für den mecklenburgischen Staatstelegrafen.

1856 Einführung von Briefmarken in Mecklenburg.

1864 Eröffnung der Blindenanstalt in Neukloster. Beide Mecklenburg treten dem Norddeutschen Bund bei und schließen ein Bündnis mit Preußen. Mecklenburg-Strelitz gibt eigene Briefmarken heraus.

1868 Beide Mecklenburg treten dem Zollverein bei. Der Elbzoll von Boitzenburg wird ab 1870 nicht mehr erhoben.

1869 Errichtung des Seminars für ritterschaftliche und landwirtschaftliche Lehrer in Lübtheen, Begründung des Neubrandenburger Pferdemarkts.

1872 Die deutsche Maß- und Gewichtsordnung von 1868 tritt auch in Mecklenburg in Kraft. Das metrische System wird eingeführt.

1874 An Stelle des mecklenburgischen Staatspapiergeldes treten Reichskassenscheine (Mark und Pfennig).

1878 Gründung der ersten mecklenburgischen Molkereigenossenschaft in Rostock.

1886 In Jessenitz wird ein Steinsalz- und Kalibergwerk angelegt.

1888 Unterwasserkabel von Warnemünde nach Gedser.

1903 Aufnahme des Fährverkehrs von Warnemünde nach Gedser.

1918 Revolution der Matrosen in Warnemünde, Bildung eines Soldatenrates (5. Nov.), Abdankung des Großherzogs Friedrich Franz IV. (14. Nov.) Wahl zur Verfassunggebenden Versammlung in Mecklenburg-Schwerin (15. Dez.).

1919 Wahl zur Verfassunggebenden Versammlung in Mecklenburg-Strelitz (26. Jan.) Gründung des Freistaates Mecklenburg-Strelitz.

1934 Vereinigung der beiden Freistaaten zum Land Mecklenburg unter Reichsstatthalter Friedrich Hildebrandt.

1945 Bildung des Landes Mecklenburg-Vorpommern.

1947 Auf Grund des SMAD-Befehls Nr. 5 von 1945 wird der Name Vorpommern als Landesbestandteil aus der Landesbezeichnung gestrichen.

1952 Verwaltungsreform in der DDR; die alten Kreisgrenzen werden verändert und Bezirke neu gebildet. Teile der brandenburgischen Prignitz werden dem Bezirk Schwerin angegliedert. Teile der Uckermark und der Mark Brandenburg werden Bestandteil des Bezirks Neubrandenburg.

1990 Neubildung des Bundeslandes Mecklenburg-Vorpommern, Schwerin wird Landeshauptstadt.

1995 Tausendjahrfeier in Mecklenburg.

Schlösser, Gutshäuser und Parks in Mecklenburg

Alt Karin (Krs. Bad Doberan, B3) siehe **Karin**

Alt Sammit, Ortsteil von Krakow am See (Krs. Güstrow, D6)

Südlich von Krakow am See liegt Alt Sammit mit einer kleinen Feldsteinkirche aus dem 13. Jahrhundert und dem backsteinernen Schloss aus der Mitte des 19. Jahrhunderts. Es ist ein großer roter Bau von zwei Geschossen Höhe, der auf einem hohen aus Feldsteinen gemauerten Kellergeschoss steht. Unter dem Ziegelsatteldach liegt ein Mezzaningeschoss, in dem sich die Wohnräume der Bediensteten befanden.

Das Schloss, unweit des Ufers des Kemlower Sees, ist dreizehn Achsen breit, wovon in der westlichen Zufahrtsseite drei auf den Mittelrisalit entfallen, währenddessen die östliche Seeseite, denn ein Park ist nicht vorhanden, im Mittelrisalit nur zwei Achsen aufweist. Deshalb hat sie auch keinen separaten Ausgang bekommen. Die Mittel- und die vier Seitenrisalite, die dreiachsig angelegt sind, wobei die mittlere Achse jeweils nochmals hervortritt, heben Pilaster vor. Die oberen Abschlüsse der mittleren Achsen der Seitenrisalite tragen polygonale, erkerartig angesetzt Fialen. Der westliche Mittelrisalit, dem eine hohe zwölfstufige Granittreppe und ein Altan in Risalitbreite vorgelagert sind, hat einen durch Pilaster gegliederten Dreiecksgiebel. Der Mittelrisalit der Seeseite wird oben durch einen Stufen- oder Treppengiebel abgeschlossen, in dem eine Uhr eingebaut ist. Die gelben Backsteine der Fensterüberdachungen, Friese und Simse lockern die rote Ziegelmasse der vier Achsen auf. Der Zugang zum Keller liegt in den Giebelseiten.

Das Umfeld des Schlosses bestimmen heute Reste der früheren Wirtschaftsgebäude und einige alte Bäume (Ahorn, eine wipfellose Roteiche, Rosskastanien und Linden). Zwischen dem früher baumfreien, verschilften Seeufer und dem Schloss hat sich ein naturnahes Gehölz entwickelt.

Alt Sammit war lange Zeit im Besitz der Familie von Weltzin, die sich als Pferdezüchter sich einen Ruf erworben hatten. Nach

Flüchtlingen und Umsiedlern zog, nachdem das Gebäude innen saniert und umgebaut wurde, 1969 das Volkseigene Gestüt Ganschow (südlich von Güstrow gelegen) im Schloss ein und betrieb es bis 1991 als Schulungs- und Erholungsheim. Nach und nach entstand hier das größte Reittouristikzentrum in der DDR. Nach fünf Jahren Leerstand und Verwahrlosung wurde das Schloss 1996 privatisiert und für die touristische Nutzung, die an die Traditionen der Pferdezucht und der Reiterei in Alt Sammit anknüpft, vorbereitet, deren Ansätze durch den »Lerchenhof« mit seiner Reitschule, der Deckstation und der Tierarztpraxis schon erkennbar sind.

Sehenswertes in der Umgebung: Schlösser, Gutshäuser mit Wirtschaftsanlagen und Parks in Alt Schwerin, Bellin, Charlottenthal, Hoppenrade, Karow, Marienhof, Groß Tessin und Sparow.

Alt Schwerin (Krs. Müritz, E8)

Nahe der Autobahnanschlussstelle Malchow (A19) liegt an der B192 das Dorf und das Gut Alt Schwerin. Bekannt geworden ist das Dorf, weil in der Schnitterkaserne, den Wohn- und Wirtschaftsgebäuden und auf dem Freigelände des Gutes seit 1963 das Agrarhistorische Museum der DDR eingerichtet wurde, das fortbesteht. Zudem werden hier regelmäßig Dampflokomobil-Schauen veranstaltet. Die mobilen Dampfmaschinen waren der Anfang der Mechanisierung der Landwirtschaft im 19. Jahrhundert. Mittels Transmissionsriemen konnte man z. B. Dreschmaschinen und Pumpen betreiben, mit Hilfe eines Seilrollenwagens oder einer zweiten Lokomobile an langen Stahlseilen mit Kippwendepflügen die Felder auf den Gütern viel schneller und tiefer bearbeiten, als es mit Pferdegespannen möglich war. Durch diese Art der Bodenbearbeitung wurden höhere Erträge erzielt und konnten die Einnahmen gesteigert werden. Ein solches »Ungetüm« steht als Ausstellungsobjekt direkt an der B192, bei der ehemaligen Schnitterkaserne, d. h. jenem Bauwerk, das man auf fast allen größeren mecklenburgischen und vorpommerschen Gütern finden kann. In ihnen fanden die Saisonarbeiter, die vorrangig aus Osteuropa kamen, um die Ernte in kurzer Zeit einbringen zu können, da einheimische Arbeitskräfte dazu nicht ausreichend zur Verfügung standen, einfache Unterkunft (kaserniert). Zu den Saisonarbeitern zählten auch die Sensenmänner, die Schnitter, die mit ihren Sensen das Getreide schnitten, das dann zu Garben gebunden und zum Trocknen in Hocken aufgestellt wurde. Diese Tätigkeit übernahmen später dann die pferdebespannten Mähbinder.

Von den Lokomobile südwärts, abseits der Bundesstraße, liegt an einer Lindenallee der Gutshof. Vor dem Schlosshof steht ein schmiedeeisernes, neobarockes Tor, das früher einmal zum Schloss Vollrathsruhe (Krs. Müritz) gehörte. Auf der Weltausstellung in Chicago im Jahr 1893 erhielt das Eisentor einen Sonderpreis.

Das Schloss Alt Schwerin, in dem seit vielen Jahren ein Pflegeheim untergebracht ist, ist ein schlichter, zweigeschossiger Backsteinbau von 1733. Das elf Achsen breite Gebäude hat ein hohes Kellergeschoss. Deshalb führt eine zweiarmige Treppe hinauf zum

Schloss Alt Schwerin

Haupteingang im dreiachsigen Mittelrisalit, der mit einem einfachen Giebeldreieck (Frontispiz) oben abschließt. Zwischen den Armen der Treppe befindet sich die Tür zum Kellergeschoss. Im hohen Mansardenkrüppelwalmdach ist neben einer Reihe aus zwei mal drei Fenstern mit dreieckigen Abschlüssen eine weitere, bestehend aus zwei mal drei deutlich kleineren Mansardenfenstern, die kleine Walmdächer tragen, eingelassen. An den Giebelseiten wurden Anbauten vorgenommen.

Vor dem Mittelrisalit der Gartenseite wurde ein Altan mit Terrasse und eine einfache Treppe angefügt, die zum zwei Hektar großen

Park führt. Zu diesem Park der bis zum Ufer des angrenzenden Tauchowsees reicht, gehören eine Rasenfläche mit Obstbäumen sowie Platanen, Blutbuchen, Rhododendren und einige Stechfichten, Schwarzkiefern und Eichen.

Bemerkenswert ist auch, dass der Name Glashütte darauf verweist, dass hier früher einmal Glas produziert wurde, und zwar existierte im Ort die letzte Glashütte Mecklenburgs, die von 1847 bis 1901 farbiges Wirtschaftsglas herstellte.

Sehenswertes in der Umgebung: Schlösser, Gutshäuser mit Wirtschaftsanlagen und Parks in Alt Sammit, Bellin, Charlottenthal, Hoppenrade, Karow, Leizen, Marienhof, Groß Tessin und Sparow.

Ankershagen (Krs. Müritz, H8)

Im Dorf Ankershagen gibt es mehrere Sehenswürdigkeiten, von denen zwei unmittelbar am Dorfrand liegen, und zwar dort, wo die Straße, von Rumpshagen kommend, den Ort erreicht: die Feldsteinkirche aus dem 13. Jahrhundert mit dem Pfarrhaus, in dem Heinrich Schliemann (1822-1890) zwischen 1823-1831 seine Kindheit verbrachte. Sein Vater war zu der Zeit Pfarrer in Ankershagen. Heute beherbergt das Pfarrhaus das Heinrich-Schliemann-Museum. Im Mittelalter gab es in Ankershagen zwei Burgen. Die eine stand am Mühlenbach, umgeben von feuchten Wiesen. Sie wird schon 1266 erwähnt. Heute findet man von ihr keine Zeugnisse mehr.

Am östlichen Ortsrand existieren noch die Überreste der zweiten Burg aus der ersten Hälfte des 15. Jahrhunderts. Nur wenige Schritte vom Renaissanceschloss entfernt erstreckt sich ein etwa fünfzig Meter langer und acht Meter hoher Erdwall, der die Burg nach Westen hin absicherte. Heute ist der Wall mit dichtem Gestrüpp und Bäumen bewachsen und kaum noch als Befestigungsbauwerk zu erkennen. Nach Osten hin fällt der Wall steil ab, und dort findet man Mauerreste aus Feld- und Ziegelsteinen. Die Mauern sind stellenweise noch zwei bis drei Meter hoch. Auch

Reste eines viereckigen Turmes sind zu erkennen (s. Abb. S.18). Seit 1435 gehörte Ankershagen zum Besitz der Familie von Holstein. Die Burg war damals sicherlich mehr als unwirtlich, wenn man nur daran denkt, dass es in der Regel nur einen beheizten Raum gab und die Fensteröffnungen meist nur mit Pergament verschlossen waren. Vielleicht ließ deshalb einer der von Holsteins zwischen 1550 und 1570, westlich neben der Burg, ein Renaissanceschloss errichten. Der Bau ist in den letzten vierhundert Jahren zahlreichen Veränderungen und Umbauten unterworfen gewesen. Doch Merkmale der Renaissancebaukunst sind erhalten geblieben.

Das im Äußeren schlicht gehaltene Schloss ist rechtwinklig angelegt. Auf der Nordseite steht im Winkel der beiden Flügeln ein Turm, der zwar im 19. Jahrhundert neu gestaltet wurde, aber dennoch ein für die Renaissancezeit charakteristischer Treppenturm ist. Die für diesen Baustil typischen Zwerchhäuser und Giebel fehlen heute dem Schloss. Die Südfassade verziert eine Terrakottaplatte mit dem Bildnis eines bärtigen Mannes mit Barett, hierbei soll es sich um einen Herrn von Holstein handeln.

Das Kellergeschoss ist gewölbt und die Außenwände sind fast zwei Meter dick. Deshalb gab es auch Treppen in den Wänden. Der Sockel ist aus Feldstein gemauert, nur die oberen Geschosse sind aus dem in der Renaissancezeit teuren Backstein gebaut. Das ausgebaute Mansardendach stammt aus jüngerer Vergangenheit. Im Schloss war nach dem Krieg bis zum Sommer 1998 die Heinrich-Schliemann-Schule untergebracht. Deshalb setzte man 1987 als Erweiterungsbau ein zweigeschossiges Gebäude mit Satteldach südlich vor das Schloss und verband dieses mit dem Schloss durch ein Treppenhaus. Weiter westlich stehen Fachwerk-Wirtschaftsgebäude mit Krüppelwalmdach sowie Bauten aus unverputztem Backstein, die 1850 erbaut wurden.

Der Park liegt südlich und östlich vom Schloss. Ein Teil des Areals war eingezäunt und nahezu ohne Pflanzenwuchs, da es als Schulhof genutzt wurde. Der übrige Teil verwilderte mit überwiegend einheimischen Baumarten, aber man findet auch eine Trauerbuche und Rosskastanien.

Noch vor dreihundert Jahren gab es in Mecklenburg überall große Waldgebiete und viele Feldgehölze. Den Holzreichtum

Ankershagen

nutzten viele Gutsbesitzer, indem sie meist kurzfristig Glashütten einrichteten, so u.a. 1717 in Ankershagen, *»... umb den wüsten Hof-Acker von dem darauf stehenden weichen Holtze zu reinigen und wieder unter Cultur zu bringen... «* (Wendt, 1972). Zwischen 1832 und 1838 arbeitete ebenfalls eine Glashütte in Ankershagen.

Sehenswertes in der Umgebung: Schlösser, Gutshäuser und Parks in Zahren, Groß Vielen (mit Torhaus und Mammutbaum), in Dambeck bei Kratzeburg, Friedrichsfelde, Wendorf, Marihn, Kargow, Federow und Speck. Am Weg von Ankershagen nach Pieverstorf liegt auch eine 1,5 km lange Allee aus selten gewordenen Flatterulmen *(Ulmus laevis)*.

Bad Doberan (Krs. Bad Doberan, C2)

Bad Doberan ist hinsichtlich seiner Architektur zweifach bedeutsam. Zum einen ist es die Klosterkirche, die als Rest des 1186 gegründeten Zisterzienserklosters ein wichtiges Zeugnis der norddeutschen Backsteingotik darstellt. Zum anderen ist Doberan neben Ludwigslust die einzige planmäßig angelegte Siedlung des 18. und 19. Jahrhunderts in Mecklenburg.

Doberan wurde gegen Ende des 18. Jahrhunderts unter Herzog Friedrich Franz I. zu dessen Erholungsort ausgebaut, denn nur wenige Kilometer nördlich, am Strand der Ostsee, war ab 1793 mit Heiligendamm das erste deutsche Ostseebad entstanden. Der klassizistische Charakter der Architektur dieser Zeit ist noch heute sowohl in Heiligendamm als auch in Doberan, das erst 1879 Stadtrecht erhielt, zu finden. Besonders um den zentralen Platz (der »Kamp«) in Bad Doberan stehen bemerkenswerte klassizistische Gebäude, die aus der Zeit des beginnenden 19. Jahrhunderts stammen. Es handelt sich um Bauten, die der herzoglichen Familie, dem Hofstaat und den anderen Badegästen als Wohn-, Kur- und Gesellschaftshäuser dienten.

Die ersten Gebäude entstanden nach Plänen des Baumeisters Johann Christoph Heinrich von Seydewitz (1748-1824), später kamen weitere, gebaut nach den Plänen von Carl Theodor Severin (1763-1836), in Doberan und Heiligendamm hinzu. Von Severin stammen die Entwürfe für das Salongebäude und für das herzogliche Große Palais, das als Sommerresidenz diente. Das Große Palais wurde zwischen 1806 und 1810 errichtet. Seine Stadtfassade spiegelt alle Gliederungsprinzipien der klassizistischen Bauweise wider.

Die Baukörper kennzeichnen einfache geometrische Grundformen: das Rechteck, der Halbkreis und das Oval. Die Straßenfront des Palais wird vom Mittelteil des Gebäudes bestimmt. Hinter vier ionischen geputzten Kolossalsäulen verbirgt sich der Haupteingang. Die relativ kleine Eingangstür wird durch ein Giebeldreieck verziert. Nur die Fenster des Erdgeschosses des auf dieser Seite zweigeschossigen Gebäudes sind mit waagerechten Überdachungen versehen. Von den insgesamt dreizehn Achsen sind die jeweils äußeren durch veränderte Fensterformen und Putzblenden

Bad Doberan

Blick in den »Großen Saal«

hervorgehoben. Als flache Seitenrisalite sind die äußeren Fensterachsen leicht hervorgezogen. Von der Straßenseite aus ist das flache Walmdach hinter einer niedrigen Attika kaum zu sehen. Interessant ist unter der Attika die Konsolenreihe, die das Dach zu tragen scheint. Die Rückseite zeigt dem Besucher, dass die Bauzeit des Gebäudes, die Barockepoche, noch nicht lange zurück lag. Die Fassade ist durch einen halboval aus der Front hervortretenden Gartensaal besonders geprägt. Sechs ionische Pilaster verzieren den Saalbau zwischen den Fensterachsen.

Im Gegensatz zur Straßenseite ist das Palais auf der Parkseite deutlich höher, denn hier ist ein Kellergeschoss mit Fenstern ausgebaut. Auch kann man vom Park her das Walmdach hinter der Attika sehen, was den spätbarocken Charakter dieser Gebäudeseite verstärkt.

Trotz unterschiedlicher Nutzung in der Vergangenheit (SED-Kreisleitung, Zeitungsredaktion, Musikschule, Stadtinformation, heute Sitz der Kreisverwaltung), sind im Innern des Palais mit dem Vestibül und dem Saal im Erdgeschoß zwei Räume in fast originalem Zustand erhalten geblieben. Das Vestibül wird bestimmt durch zwei Treppen mit gusseisernen Geländern und vier ionischen Säulen, die das Obergeschoss tragen. Gegenüber dem Palaiseingang liegt der Zugang zum ovalen Saal. Er beeindruckt u. a. durch die erhaltenen, seltenen französischen Tapeten aus dem frühen 19. Jahrhundert. Die in Grisaille-Technik (Malerei in Grautönen) gefertigten Tapeten zeigen in zwölf Bildern die Geschichte von Amor und Psyche. Die Papierbilder sind auf Leinwand aufgezogen, nummeriert und in französischer Sprache beschriftet. Gegenüber den fünf Fenstern wurden zwei steingefasste Kamine mit hohen Spiegeln über den Feuerstellen angeordnet. Die Innengestaltung komplettiert eine gemalte Decke, die dem Besucher den Blick auf das Innere eines Zeltdaches vortäuscht. Ein weiteres Schmuckstück des Saales ist der schöne Intarsienfußboden.

Hinter dem Palais liegt ein kleiner Park mit Rasenflächen, alten Eichen und Eschen, der auch den Übergang zum benachbarten Salongebäude vermittelt (erbaut 1801/02). Heute ist hier das Landratsamt untergebracht. Der Saal im dahinter liegenden Anbau (erbaut 1819-1821) ist mit seiner plastischen Deckengestaltung im Empirestil eine Augenweide. Neben dem Salongebäude steht das von J. Chr. von Seydewitz entworfene Logierhaus, ein Fachwerkbau von 1793/95, das heute ein Hotel ist.

Gegenüber von diesen drei Gebäuden, auf dem Kamp, stehen zwei achteckige Pavillons im chinesischen Stil, der in Mecklenburg nur sehr selten anzutreffen ist. Im großen zweigeschossigen »Weißen Pavillon« wird ein Cafe betrieben, und im kleineren »Roten Pavillon«, den ein Zeltdach deckt, ist eine Galerie eingezogen. Beide Pavillons haben Säulenumgänge. Der Platz mit seinen schönen alten Linden, Roteichen und Buchen ist die grüne Insel der Stadt, zu deren Attraktionen auch die durch die Straßen verkehrende Dampfeisenbahn – auch liebevoll Molli genannt – gehört.

Sehenswertes in der Umgebung: das Doberaner Münster, klassizistische Bade- und Logierhäuser in Heiligendamm, Gutshaus Hütten bei Parkentin, Schloss Hohen Luckow, Wasserschloss Gnemern, Gutshäuser in Gerds- und Berendshagen, Lehnenhof, Westenbrügge, Rosenhagen und Karin, Schlösser mit Parkanlagen in Hohen Niendorf und Wichmannsdorf.

Bellin (Krs. Güstrow, D6)

In Bellin sind Grundelemente einer barocken Gutsanlage erhalten geblieben. Dem Besucher fällt zuerst das mit einem Dachreiter versehene Torhaus direkt an der Dorfstraße auf. Solche Torhäuser sind die architektonischen Überbleibsel der während der Renaissancezeit gebauten Vierflügelanlagen. Dienten diese Bauten ursprünglich Verteidigungszwecken, so wurden die Torhäuser und Tortürme im 18. Jahrhundert meist zu repräsentativen Einfahrten zum Schlossbereich umgewandelt. Größere Torhäuser, wie das von Bellin, konnten gleichzeitig auch als Wirtschaftsgebäude dienen. Das Belliner Torhaus wurde in der Vergangenheit mehrfach umgebaut, worauf die Jahreszahlen 1910 und 1982 in der Wetterfahne des Dachreiters hindeuten. Es hat aber seine barocke Gestalt bewahren können.

Neben der großen Toreinfahrt liegen zwei Schlupfpforten für Fußgänger. Dahinter eröffnet sich ein weiter Hofraum. Nahe dem Torhaus sind Wirtschaftsbauten errichtet. Symmetrisch zum Torhaus liegt weit im Süden der Hofanlage ein großes Schloss. Zwischen diesen beiden Bauwerken erstrecken sich grüne Rasenflächen, die von alten Winterlinden eingefasst sind. Aber noch vor dem großen Schloss stehen links und rechts von den Lindenreihen, zwei eingeschossige, verputzte Flügelbauten mit schöner Rundbogengliederung. Das sind die Seitenflügel eines Barockschlosses, das ehemals Mittelpunkt der Anlage war, heute jedoch nicht mehr vorhanden ist.

Im östlichen Seitenflügel ist im Giebeldreieck einer Türrahmung die Jahreszahl 1746 zu sehen. Die Initialen S.C.V.S. bezeichnen den Reichsgrafen von Sala als den Bauherrn des zweigeschossigen, unterkellerten Barockschlosses, aus. Unter einem Vollwalmdach war ein blockartiger Bau von neun Achsen Breite gebaut worden. Die nach Süden gerichtete Parkseite hatte in der Mitte des Hauses einen eingeschossigen, halbrund vorgebauten Risalit. Darüber befand sich ein Altan, zu dem man über die zweite Etage Zugang fand. Dieser halbrunde Anbau hatte zwar drei große Fenster, jedoch keine Treppe zum Park.

Da, wo einst das alte Barockschlosses stand, erhebt sich nun ein weitaus größeres Neobarockschloss. Es entstand nach Plänen von

Das Neobarock-Schloss in Bellin

Paul Korff (1875-1945; »Landbaubüro Laage«) in den Jahren 1910 bis 1912 für Henry Brarens Sloman (1848-1931). Dieser hatte das Gut Bellin 1910 von Gerhard Freiherrn von Marschall gekauft, für den P. Korff bereits schon früher Baupläne erarbeitet hatte. H. B. Sloman, der neue Besitzer von Bellin, war im Jahr 1867 nach Amerika ausgewandert und dort ins Salpetergeschäft (Chile) eingestiegen, was ihm ein Vermögen einbrachte, das es ihm schließlich ermöglichte, das Gut Bellin zu erwerben.

Nach 1945 war das Schloss wie viele andere mit Flüchtlingen und Umsiedlern belegt und wurde dann lange Jahre als Verwaltungsschule genutzt. Zwischen 1963 und 1979 beherbergte es eine Außenstelle der Bezirksparteischule der SED Schwerin. Von 1979 bis 1990 diente das Schloss als SWAPO-Kinderheim, für jeweils einhundertvierzig namibische Kinder im Alter von drei bis sieben Jahren, die wegen des Krieges in ihrem Land hier zeitweilig eine zweite Heimat fanden. Erst im Sommer 1997 wurde das

Schloss an die Familie Sloman verkauft, die bereits Anfang der 1990er Jahre einen landwirtschaftlichen Betrieb in Bellin aufgebaut hatte. Nach umfangreichen Umbauarbeiten stehen Besuchern heute im Schloss Ferienappartements zur Verfügung.

Das Hauptportal des Gebäudes liegt auf der dem Hof zugewandten Nordseite. Der Bau hat fünfzehn Achsen, wovon jeweils die beiden äußeren als Seitenrisalite ausgeführt sind. Ein breiter, drei Achsen umfassender Mittelrisalit mit Säulenvorbau, Altan, Giebeldreieck und Freitreppe verbirgt hinter vier Säulen den Eingang. Keller, zwei Hauptgeschosse und ein ausgebautes Mansardendach bieten großzügigen Platz für verschiedene Räumlichkeiten. Ursprünglich war auf jeder Seite des 1989/90 erneuerten Daches über den Mansardenfenstern eine Reihe von sechs Fledermausgauben angeordnet, die modernen Kippfenstern weichen mussten.

An der Parkfassade sind die Seitenrisalite fast wie Seitenflügel vorgezogen und schließen dadurch die große Glasfront des Wintergartens ein. Vom Wintergarten aus führt eine geschwungene, zweiarmige Treppe zum Park hinab. Darunter sind Zugänge zum Kellergeschoss angelegt.

Beeindruckend ist auch das Innere des Schlosses. Unmittelbar hinter der Eingangstür liegt der ganz mit Marmor verkleidete Windfang, und hinter der steinernen Wandverkleidung befinden sich noch die alten Heizkörper. Vom Windfang gelangt man unmittelbar in die Halle des Schlosses, die auch als Saal genutzt werden kann. Von hier aus führen große Türen zu den östlich und westlich gelegenen Zimmern. Über eine zweiarmige Holztreppe mit einen schönen Dockengeländer gelangt man zum Obergeschoss.

Die fast vier Meter hohe Halle ist mit Holz getäfelt, die Decke mit Stuck verziert. Ein steinerner Kamin und vier große, steinerne Säulen mit vergoldeten Kapitellen vervollkommnen die Ausstattung dieses repräsentativen Raumes. Eine tiefe, hölzerne Kassettendecke findet man im östlichen Erkerzimmer des Erdgeschosses. Auch andere Räume weisen noch Deckenstuck oder Holzpaneel auf. In allen Zimmern des Erdgeschosses sind hinter der Holztäfelung und in hohlen Wänden funktionsfähige Scherengitter verborgen, mit denen die Fenster von innen gesichert werden können.

Im Haupttreppenhaus schmücken kannellierte Pilastern die Wände. Vom Treppenpodest ist der Zugang zum Altan über dem Säulenvorbau der Hofseite möglich. Von hier aus hat man einen schönen Blick über die gesamte Schlossanlage, und nebenher entdeckt das Auge, dass die Fensterbankabdeckungen und Fallrohre aus Kupfer gefertigt sind. In der Brüstung des Altans und auch in der Fassadenverkleidung des Schlosses fallen Muschelschalen auf. Rätselhaft bleibt, ob das Haus mit Werkstein oder einem speziellen Kunststein verkleidet ist, zumal Paul Korff und sein Landbaubüro in Laage neuen Bautechnologien aufgeschlossenen war (Stahlbetonbau bei Wirtschaftsbauten, Bauen mit Kalksandsteinen am Gutshof Wendorf, Krs. Parchim).

Im Keller des Gebäudes lagen die Waschküche, die Wirtschaftsräume und die Küche des Hauses. Die Heizungsanlage des Schlosses ist 1987 vom Keller in ein abseits gelegenes, neues Heizhaus verlegt worden.

Ein sechzehn Hektar großer Park umgibt das Schloss an drei Seiten. Bemerkenswert sind zwei Pyramideneichen an der Ostseite des Schlosses. Südlich vom Schloss steigt eine lange, von Buchenhecken gesäumte Rasenterrasse zu einem Aussichtsplateau am Parkrand empor. Die hier wachsenden Taxus- und Buchsbaumbüsche mögen noch aus der Zeit des alten Barockschlosses stammen. Ein großes neoromanisches Mausoleum steht im östlichen Parkbereich. Im westlichen Teil des Parks, neben dem Schloss, liegt ein von Balustraden eingefasster Teich. An einer Teichecke ist ein offener Pavillon in die Balustrade eingefügt, der noch aus der Mitte des 18. Jahrhunderts stammen soll.
Der Baumbestand des Parks wird von einheimischen Buchen, Eschen, Erlen und Birken bestimmt. Hinzu kommen wenige Stieleichen, Platanen, Trauerweide, Trauerbuche und einige Koniferen.

Sehenswertes in der Umgebung: Schlösser, Gutshäuser und Parks in Alt Sammit, Alt Schwerin, Güstrow, Marienhof und Charlottenthal, Groß Tessin, Hoppenrade, Kuchelmiß mit großem Park und sehenswerter Museumswassermühle (von 1791) am Flüßchen Nebel.

Beseritz (Krs. Mecklenburg-Strelitz, J6)

Mittelpunkt des Dorfes ist auch in Beseritz – wie in vielen Dörfern in Mecklenburg und in Vorpommern – Kirche und der Gutshof, der durch zwei baufällige, sehr große Wirtschaftsgebäude von 1770 und 1881 auffällt. Im Norden des Gutshofes liegt das große Gutshaus, dahinter der knapp vier Hektar umfassende Park.

Erwähnenswert ist an dieser Stelle, dass das Gut u. a. im Besitz der Frau des Regierungsrates Johann August Schlettwein (1731-1802) war, der sich zur damaligen Zeit einen Namen als bedeutender Jurist und Nationalökonom gemacht hatte. Nach deren Tod ging das Gut in die Hände des Schwiegersohns Johann Christoph Rodbertus über, der Professor der Rechtwissenschaften an der Universität Greifswald war und von diesem 1854 an den eingeheirateten Friedrich Wilhelm Carl von Lepel, der das Gut schließlich 1879 in Konkurs brachte. Anschließend erwarben Graf Arthur von Bernstorff auf Wedendorf (heute Krs. Nordwestmecklenburg) und dessen Sohn, Regierungsrat a. D. Graf Christian von Bernstorff, die Anlage. Christian von Bernstorff, seit 1873 bei Großherzog Friedrich Wilhelm in Mecklenburg-Strelitzer Diensten, war auch der Bauherr des Gutshauses, wie wir es heute vorfinden.

Sein Architekt war Georg Daniel (1829-1913), der Baubeamter in Mecklenburg-Schwerin war, dann 1874 eine Berufung als Baurat nach Neustrelitz erhielt, wo er bis 1880 tätig war, um dann wieder nach Schwerin zu gehen.

Nach einem Brand auf dem Gut Beseritz ist das Gutshaus dann zwischen 1879 und 1890 (datierte Wetterfahne über dem Mittelrisalit) als unverputzter, zweigeschossiger roter Backsteinbau über einem hohen Kellergeschoss gebaut worden. Charakteristische Merkmale sind der von einem Treppengiebel gezierte, dreiachsige Mittelrisalit der südlichen Dorfseite, in dem gotisierend Spitzbogenfenster und ein großes Wappenfeld vorkommen, und die an den Giebelseiten des Hauses aufgeführten Risalite, die oben als Dreieck schließen und mit fünf spitzbogigen Blendnischen ausgestattet sind. In diesen beiden Risalit wiederholt sich die Giebelgestaltung der östlichen Kirchengiebelseite. Die Fassade der Parkseite hat keine besonderen Gestaltungselemente, wie einen Risalit

Gutshaus Beseritz

oder eine Tür zum Park. An der Südostecke des Gutshauses ist nach 1890 neben einer original vorhandenen kleinen überdachten, mit einer Eisenbrüstung und einer Granittreppe versehenen Terrasse, ein einachsiger, in der zweiten Etage offener Anbau mit einem spitzen Helm angebaut worden. Das Haus verfügt über ein gewalmtes Satteldach (Betondachsteine von etwa 1985) mit zwei Reihen unterschiedlich großer, spitzhelmiger Gauben auf der südlichen Seite. Die nördliche Dachseite hat nur eine Reihe von sieben großen Gauben.

Statt eines die Geschosse trennenden Gesimses ist das Haus durch einen Weinlaubfries aus glasierten Ziegeln umlaufend horizontal gegliedert. Dieser Fries, die Wasserspeier an den Dachecken sowie die zusammengefassten drei äußeren Fensterachsen geben dem Bauwerk mit dem dominierenden Mittelrisalit ein schlossähnliches Gepräge, was die Bevölkerung schon immer animierte, »Schloss« statt »Gutshaus« zu sagen.

Im Erdgeschoss beeindrucken sowohl die Diele (das Vestibül) mit den wieder freigelegten originalen Deckenmalereien (Blumenornamente) wie auch die beiden Säle.

Seit 1993 gehört das Gutshaus der Familie Legde, die selbst Landwirtschaft betreibt und im Gutshaus ihre eigene Verwaltung eingerichtet hat, aber auch andere Firmen als Nutzer beherbergt. Weit und breit bekannt sind die mehrfach im Jahr stattfindenden Dorffeste im »Schloss Beseritz«.

Der gepflegte Park hinter dem Schloss zeichnete sich durch einen am Gutshaus mit Feldsteinen (mit Treppe zum Wasser) eingefassten Wasserlauf, relative Gebüscharmut, aber sehenswerte Altbäume aus. Dazu gehören Platane, Blutbuche, Stieleichen, Schlitzblättrige Buche (*Fagus sylvatica ‚Laciniata'*), starke Eschen *(Fraxinus excelsior)*, Silberpappel *(Populus alba)*, mehrere starke Flatterulmen *(Ulmus laevis)* und eine sehr selten vorkommende Verschiedenblättrige Eiche *(Quercus x heterophylla)* aus. Den östlichen Parkrand bildet eine alte Rosskastanienallee, den nördliche Parkrand eine Rosskastanienreihe.

Sehenswert in der Umgebung: Gutshäuser und Parks in Ganzkow, Brunn, Salow, Dishley, Ramelow, Schloss Zinzow und die Festung und Schloss Spantekow im angrenzenden Kreis Ostvorpommern, nördlich des Landgrabens.

Blücherhof (Krs. Müritz, F7)

Ein sehr interessanter Park liegt in Blücherhof, zehn Kilometer südlich von Burg Schlitz. Dazu muß man von der Landstraße B 108 nach Klocksin einbiegen. Schloss und Park Blücherhof findet man dann zwei Kilometer weiter südlich.

In Blücherhof (früher im Besitz der Familie von Blücher auf Fincken und Gotthun, seit 1798 so benannt) kann ein Gut des 20. Jahrhunderts in selten schöner Geschlossenheit besichtigt werden. Der Gutshof mit Stallungen, Wirtschafts- und Wohngebäuden und einer großen Schnitterkaserne liegt unmittelbar neben dem Schloss. Alle Gebäude sind im neobarockem Stil aufgeführt. Der Schloss- und Parkbereich wird durch Zäune und zwei 1908 in Godesberg am Rhein gefertigte, hohe eiserne Rokokotore von Dorf und Gutshof getrennt. 1982 sind diese Tore in Schwarzheide repariert und konserviert worden. So wie Gutshof und Eingangstore ist auch das Schloss im Neobarockstil (Neorokkoko) gebaut.

Die Hofseite des Schlosses wird durch einen auffälligen, fünfseitigen Mittelrisalit bestimmt, der über dem Haupteingang einen verglasten, eisernen Jugendstil-Baldachin hat. Eine breite, geschweifte Kuppel überdacht den Risalit. Weitere Gestaltungselemente an diesem Teil des Schlosses sind ein Wappenfeld, Säulen neben der Tür und Putzschmuck um die Fenster. Im Vergleich zu diesem Risalit ist unschwer zu erkennen, dass die übrige Schlossfassade nicht mehr original erhalten ist. Umbauarbeiten, die von der Firma C. Arfert (Waren/Müritz) in den Jahren 1965 bis 1970 ausgeführt wurden, haben vor allem das barocke Mansardendach erheblich verändert. Dadurch entstand das heute zweigeschossige Haus, an dem nur noch kurze Wandsäulen erkennen lassen, dass das Schloss ehemals eingeschossig war. Nur die beiden äußeren Achsen waren früher zweigeschossig ausgeführt. Dazu gehörten auch die Rundbogenfenster, die heute noch in der Schlossfassade zu erkennen sind. Beim Umbau wurde ebenfalls die an der südlichen Giebelseite gelegene Veranda aufgestockt, um mehr Platz für ein Kinderheim im Schloss zu schaffen. Einen Eindruck von der alten Schlossfassade vermittelt heute nur noch ein Mosaik über dem Kamin in der Eingangshalle des

Schloss Blücherhof

Schlosses. Sowohl an den eisernen Toren als auch am Schlossportal finden sich die Initialen AMK – die Kürzel für und Margarethe Koenig. Im Jahr 1904 kaufte der Privatgelehrte Prof. Dr. Alexander Koenig (1858-1940) aus Bonn das Gut Blücherhof. A. Koenig war in Petersburg als Sohn des Zuckerfabrikanten Leopold König zur Welt gekommen. Nachdem die Familie nach Bonn am Rhein übergesiedelt war, studierte Alexander Koenig nach Schulbesuch und nicht bestandenem Lateinabitur von 1880 bis 1884 in Greifswald, Berlin, Kiel und Marburg Zoologie. Zwischendurch legte er 1882 in Demmin (Vorpommern) die Abiturprüfung erfolgreich ab. Mit einer Dissertation beendete er 1884 seine kurze akademische Ausbildung, und arbeitete fortan als Privatgelehrter. Zahlreiche Forschungsreisen führten ihn sowohl nach Nordafrika als auch nach Spitzbergen. Er betrieb überwiegend ornithologische Studien, die auch in umfangreichen Publikationen veröffentlicht wurden.

A. Koenig war auch der Bauherr des Schlosses Blücherhof. Nachdem er das Gut erworben hatte, wurde das vorhandene alte Gutshaus in Blücherhof nach Plänen des Berliner Architekten Gustav Holland, seinem Schulfreund aus der Demminer Zeit, umgebaut. Holland entwarf auch die Wirtschaftsgebäude auf dem Gut Blücherhof. Seinen Hauptwohnsitz hatte Alexander Koenig in Bonn. Dort ließ er ab 1912 einen Museumsbau für seine zoologische Privatsammlung errichten, dessen Planung und Bauleitung er ebenfalls Gustav Holland übertrug.

Noch heute existiert diese Sammlung als »Zoologisches Forschungsinstitut und Museum Alexander Koenig«. Neben der Zoologie war Koenig auch von der Jagd begeistert. So ist es wohl nicht verwunderlich, dass er auf seinem Gut Blücherhof neben Hirschen auch Sibirische Rehe im Wildgatter hielt, hinzu kam 1932 auch eine Mufflonherde. Zudem interessierte ihn die Dendrologie. Mit Hilfe des befreundeten Gartenarchitekten Georg Kuphaldt (1853-1938), legte er in einem bereits vorhandenen, etwa acht Hektar großen mit Buchen, Stieleichen und Birken bestandenen älteren Park eine Baumsammlung (Arboretum) an. Im Vordergrund stand hier nicht die Ästhetik des Parks schlechthin, sondern die Wirkung der verschiedenen Gehölzarten und -sorten. Als Solitäre oder in Gruppen gepflanzt, bildeten sie den Grundstock für den heutigen Park. Dieser ist in den letzten Jahren schrittweise rekonstruiert worden, wobei die Wege instandgesetzt, die Teiche im Park entschlammt und die lange Parkmauer saniert wurden. Von den ehemals im Park vorhandenen einhundertfünfzig Arten und Sorten kann man heute noch etwa fünfzig Koniferen- und siebzig Laubholzarten finden. Dazu gehören zu beiden Seiten des Schlosses stattliche Eschen, Magnolien, Eichen und auch Koniferengruppen. Neben dem aus Feldsteinen errichteten Eiskeller wachsen zwei Ginkgobäume. Weiter nördlich davon sind zahlreiche Rhododendronbüsche gepflanzt, die besonders im Mai und Juni dem Park einen schönen Blütenschmuck geben.

Mitten im Park bilden versteckt, acht Winterlinden ein Rondell. Gleich daneben steht eine seltene Form der Blutbuche. Bei diesem Exemplar haben die roten Blätter einen rosafarbenen Rand *(Fagus sylvatica f. roseomarginata)*. Im westlichen Teil des

Parks liegt der Karpfenteich. Dort kann sich der Besucher in einem kleinen Pavillon auf Schautafeln über den Park informieren. Dicht neben diesem Pavillon gedeihen die übermannshohen Stauden des Bärenklaus. Am anderen Ufer des Teichs können sechzehn Stämme der Kaukasischen Flügelnuss *(Pterocarya fraxinifolia)* gezählt werden. Daneben sind aber auch seltene Baumarten wie Mädchenkiefer, Goldkiefer, Korkbaum *(Phellodendron amurense)*, Schirmtanne, Mammutbaum, Silbertanne, Fächerahorn *(Acer palmatum)* oder Zaubernuß *(Hamamelis spec.)* zu finden.

Sehenswertes in der Umgebung: Schlösser, Gutshäuser und Parks in Klocksin, Ulrichshusen, Moltzow, Neu Gaarz, Panschenhagen, Marxhagen, Vollrathsruhe und Großen Luckow.

Bülow (Krs. Güstrow, F6)

Bülow ist eine Ortschaft unweit von Schorssow, am Nordufer des Malchiner Sees, der prägend für die Landschaft der »Mecklenburger Schweiz« ist, die durch Hügel und Seen sowie fruchtbare Äcker gekennzeichnet ist. Seit Anfang des 19. Jahrhunderts steht in Bülow ein klassizistisches Gutshaus (Bauzeit um 1820), das durch den großen, zweigeschossigen, dreiachsigen Mittelrisalit und den davor aufgestellten vier Kolossalsäulen mit Architrav und Giebeldreieck die scheinbare Kleinheit des sonst eingeschossigen Gutshauses aufhebt. Das verputzte Gebäude ist neun Achsen breit, jedoch fünf Achsen tief, was ungewöhnlich ist, zumal die Giebelseiten durchgehend mit Pilastern gegliedert sind.

Unter der Traufe des erneuerten Krüppelwalmdaches verbergen sich neben den vollgeschossigen Zimmern hinter den beiden Mittelrisalit (der Risalit auf der Gartenseite hat keine Kolossalsäulen) Dachräume, die durch kleine schmale Fenster belichtet werden.

Über den besonders breiten Fenstern des Wohngeschosses, an den etwas hervorstehenden Ecken des Hauses (es sind damit flache Seitenrisalite), ist als Schmuck jeweils ein halbrundes Putzfeld angebracht. Diese Fenster werden links und rechts durch Pilaster eingefasst. Zu den kleinen, leicht übersehbaren architektonischen Besonderheiten des klassizistischen Hauses gehören auch das Lünettenfenster im Dreiecksgiebel der Hofseite, was fast wie ein Halboval aussieht, die Loggia hinter den Kolossalsäulen, das auf Konsolen ruhende flache Giebeldreieck über der Haupttür, eine Windrose im Fußboden eines Raumes und die flachen Kellerfenster, die die Gegenstücke zu den schmalen Dachfenstern sind.

Seit 1995 ist das Gutshaus wieder in privater Hand und bewohnt, obwohl noch umfangreiche Erneuerungsarbeiten zu leisten sind.

Sehenswertes in der Umgebung: Schlösser, Gutshäuser, Gutsanlagen und Parks in Bristow, Schorssow, Kastorf – Burg Schlitz, Klocksin, Blücherhof, Vollrathsruhe, Großen Luckow, Basedow.

Gutshaus in Bülow

Burg Schlitz bei Kastorf, Ortsteil von Hohen Demzin (Krs. Güstrow, F6)

Burg Schlitz gehört neben dem Schloss Bothmer (bei Klütz, Krs. Nordwestmecklenburg) zu den beiden Schlossanlagen, die nicht den Namen der Ortschaften, sondern den des Bauherrn tragen. Nahe der B 108, zehn Kilometer südlich von Teterow, beim Gasthaus »Zum goldenen Frieden«, auf einem Hügelplateau oberhalb des kleinen Dörfchens Karstorf, liegt »Burg Schlitz«.

Burg Schlitz ist kein mittelalterliches, wehrhaftes Gemäuer, sondern ein klassizistisches Schloss von besonderem Gepräge. Das Gasthaus »Zum goldenen Frieden« (1819), die ehemalige Gutsschmiede (1832) mit einem auffällig verdrillten Schornstein (Heimatstube) sowie ein steinerner Obelisk neben der Bushaltestelle kennzeichnen die Stelle, wo der Aufgang zum Schloss ist. Dorthin führt eine schöne Lindenallee. Das Schloss erweist sich als dreiteiliger Bau. Es erscheint aber eher wie drei nebeneinander liegende, zweigeschossige große Villen, die durch eingeschossige, flach gedeckte Galerien miteinander verbunden sind. Die Fassaden sind glattgeputzt und durch Gesimse und unterschiedliche Fenstergrößen in den beiden Etagen gegliedert. Das Kellergeschoss ist durch Putznutung verziert. Ein halbrunder dreigeschossiger Vorbau, der mit zwei hohen ionischen Säulen und einem kurzen Altan versehen ist, hebt den mittleren Teil des Schlosses deutlich hervor, der seit April 1995 auch wieder einen hölzernen, mit Kupfer verkleideten Obelisken trägt. Zwei gusseiserne Löwen flankieren die steile Treppe, die zum Portal hinauf führt. Mehrere Räume des Schlosses sind nach dem Krieg erstmals zwischen 1953 und 1962 restauriert worden und daher im originalen Zustand erhalten geblieben.

Nach dem Auszug des Kreispflegeheims Teterow, das von 1955 bis 1993 im Schloss untergebracht war, erfolgte eine zweite umfassende Restaurierung des gesamten Bauwerks im Zusammenhang mit der Einrichtung eines Hotels durch die Mast-Jägermeister AG, Wolfenbüttel, in den Jahren 1994 bis 1999. Innenarchitekt war Helmut Riemann, und die Möbel wurden in den Deutschen Werkstätten Dresden-Hellerau angefertigt. Die beiden seitlichen Bauten haben an ihren Breitseiten dreiachsige

Burg Schlitz

Burg Schlitz, neogotische Kirche von 1822

Mittelrisalite mit Giebeldreieck. Ihre nach Süden gerichteten Giebelseiten hingegen ordnen sich ganz der Dominanz des Mittelbaus unter. So wie sich die äußere Gestalt des Schlosses deutlich von den anderen Schlössern Mecklenburgs unterscheidet, so ungewöhn-lich ist auch die Baugeschichte des Schlosses und des sechzig Hektar großen Parks.

Unterhalb vom Schloss liegt das Dorf Karstorf, das bis ins 18. Jahrhundert hinein Lehngut der Familie von Osten war. Diese hatten im Mittelalter bereits eine Burg errichtet und sie später in ein herrschaftliches Wohnhaus umgebaut, das 1709 abbrannte. 1787 erwarb Joachim Johann Heinrich von Müller das Gut, der es jedoch, da es heruntergekommen war, nicht lange bewirtschaftete, sondern schon 1791 an den Baron (Freiherr) Hans von Labes (*1763) verkaufte. Dieser wollte sich nach Jahren diplomatischer Tätigkeit für den preußischen König der Landwirtschaft zuwenden. Auf dem Reichstag von Regensburg hatte er die Bekanntschaft des Grafen Johann Eustachius Graf von Schlitz genannt von Görtz gemacht, der Minister des Preußenkönigs Friedrich Wilhelm II. war. Weil Hans von Labes die zweite Tochter des Reichsgrafen Schlitz heiraten wollte, was aus Standesgründen aber nicht möglich war, adoptierte der Reichsgraf J. E. von Schlitz, den Freiherrn Hans von Labes. König Friedrich Wilhelm II. von Preußen erhob daraufhin auch ihn am 24.12.1793 in den erblichen Grafenstand. Graf Hans von Labes-Schlitz konnte dann am 12. März 1794 schließlich Louise Caroline von Schlitz, die faktisch seine Schwester war, heiraten. Schon 1791 hatte Hans von Labes-Schlitz in Karstorf seinen Wohnsitz und die Bewirtschaftung des Gutes in eigene Hände genommen. Durch Einführung effektiver Produktionsmethoden (Bau neuer Wirtschaftsgebäude, Einführung der holsteinischen Koppelwirtschaft, Düngereinsatz usw.) wurde bald ausreichender Gewinn erwirtschaftet. Er siedelte auch mehrere Familien in der ehemaligen Meierei Hütten (ehemals Standort einer Glashütte) westlich von Karstorf an und gab dem Ort 1801, zum Andenken an seinen Schwieger- und Adoptivvater, den Namen Görzhausen. Gemeinsam mit dem Rostocker Professor Franz Karsten gründete Graf Schlitz 1798 die »Mecklenburgische Landwirtschaftsgesellschaf« zu der auch später J. H. v. Thünen auf Tellow gehörte. Erst nach fünfzehn Jahren landwirtschaftlicher Tätigkeit wandte sich Hans Graf von Schlitz dem Bau eines neuen Wohnhauses zu. 1806 erhielt er dazu Vorschläge von dem Berliner Hofrat Otto Hirth, die er selbst wesentlich überarbeitete und dann gemeinsam mit dem Baumeister Friedrich Adam Leiblin umsetzte. Wegen der Wirrnisse während der französischen Fremdherrschaft fand die Grundsteinlegung für den nordöstlichen Teil des Schlosses erst 1811 statt. 1816 war dann auch der südwestliche Flügel fertiggestellt. Durch Genehmigung des mecklenburgischen Landesherrn durfte das Schloss seit dem 17. Januar 1817 ***Burg Schlitz*** genannt werden. Aber erst 1823 stand das Schloss vollendet am südwestlichen Rand der Mecklenburger Schweiz. Der mittlere Trakt enthielt die Räume für Empfänge (Rittersaal), der nordöstliche Flügel war für Gäste vorgesehen. Im südwestlichen Flügel wohnte die gräfliche Familie. Zwischenzeitlich wurde Graf Schlitz von Herzog Carl von Mecklenburg-Strelitz auch wieder mit diplomatischen Missionen betraut; 1814/15 nahm er am Wiener Kongress teil.

Gleichzeitig mit dem Schlossbau entstand ein Landschaftspark, wie er einige Jahre später in ganz Deutschland Mode werden sollte. Eingebettet in die hüglige Landschaft der Mecklenburger Schweiz, enthält der Park natürliche kleine Teiche, Laubwälder und Wiesenpartien. Nur am Steilhang, direkt vor der Front des Schlosses, sind damals Parkgehölze gepflanzt worden, von denen Ginkgo, Edelkastanien *(Castanea sativa)*, Tulpenbaum *(Liriodendron tulipifera)*, Riesenlebensbaum, Silberlinde *(Tilia tomentosa)*, die Rotblättrige Blutbuche und Schlitzblättrige Buche *(Fagus sylvatica ‚Laciniata')* genannt werden sollen. Neben dem stattlichen Ginkgobaum stand bis etwa 1983 die größte Libanonzeder *(Cedrus libani)*, die es in Mecklenburg gab. Ein Sturm machte ihr schließlich den Garaus, nur der Stumpf ist geblieben. Zu den Besonderheiten im Park Burg Schlitz gehören eine Vielzahl (ursprünglich 36) von Denkmalen. Überwiegend aus Findlingsmaterial gefertigt, sind es steinerne Obelisken, Kreuze, Säulen, aber auch ein Sarkophag und das pylonenartige Eingangsportal (datiert MDCCCXXV) des im Park gelegenen Friedhofs. Die meisten Denkmale sind mit Inschriften, oft in lateinischer Sprache und den Jahreszahlen ihrer Entstehung versehen. Auch der Mittelbau des Schlosses erhielt einen aus Holz gefertigten und mit Blech verkleideten zwölf Meter hohen Obelisken auf dem Dach.

Zu den Denkmalen im Park gehört auch die 1822 errichtete kleine neogotische Kirche westlich des Schlosses, die zum Andenken an die Adoptivmutter des Grafen Schlitz gebaut worden ist. Hervorzuheben sind hier die gusseisernen Säulen, die das Portal der Kirche verzieren (s. Abb. S. 41).

Graf Schlitz starb am 25. Juli 1831 auf seiner »Burg«. Das Anwesen erhielt sein Schwiegersohn Graf H.A.B.v. Bassewitz, der auch seinen Namen übernahm. Die Grafen von Bassewitz-Schlitz blieben bis 1930/31 auf ihrer Burg. Danach erwarb der Direktor der Deutschen Bank und Vizepräsident des Reichstages, Dr. Emil Georg von Stauß (1877-1942) aus Berlin, den in Konkurs gegangenen Besitz. Zu dieser Zeit gelangte auch der 1903 von dem Berliner Bildhauer Walter Schott geschaffene Nymphenbrunnen – eine vollkommene Leistung des Jugendstils – in den Park. Er war ursprünglich für das Kaufhaus Wertheim in Berlin angefertigt worden. Ein Konsortium um Arthur Lindgens und E. G. von Stauß hatte 1938 den Neffen des Kaufhausgründers Georg Wertheim, Fritz und Günther Wertheim, die Juden waren, deren Unternehmensanteile abgekauft. Die übrigen Anteile waren in der Hand von Ursula Lindgens, die vorher mit Georg Wertheim verheiratet war.

Wer gut zu Fuß ist, sollte den kurzen Weg zum westlich von Karstorf liegenden Rötelberg nicht scheuen. Ein zauberhaftes Panorama bietet sich von dort auf Äcker, Wälder und Weiden mit alten Eichen, am Rande der Mecklenburger Schweiz.

Sehenswertes in der Umgebung: Schlösser, Gutshäuser und Parks in Schorssow, Bülow, Bristow, Remplin und Basedow mit Parks von P. J. Lenné, Vollrathsruhe, Moltzow, Ulrichshusen, Klocksin, Blücherhof mit einem dendrologisch bedeutsamen Park, Marxhagen, Neu Gaarz.

Burg Stargard (Krs. Mecklenburg-Strelitz, I8)

Das Städtchen Burg Stargard liegt zehn Kilometer südlich von Neubrandenburg. Erst 1929 erhielt das Städtchen Stargard in Mecklenburg-Strelitz, auch zur Unterscheidung von Stargard in Pommern, den Zusatz »Burg«. Damals erwarb die Stadt die bis dahin außerhalb in der »Amtsfreiheit« liegende Burg.

Schon 1170 (erste urkundliche Erwähnung) gehörte die Siedlung zum Besitz des Klosters Broda und war Mittelpunkt des Landes Stargard. 1235 fiel das Land Stargard an die Mark Brandenburg. Der brandenburgische Markgraf Joachim I. ließ ab 1248 auf einem Hügel südwestlich der heutigen Stadt Burg Stargard die namengebende Burg zur Sicherung des Gebietes anlegen. Dabei bediente man sich einer bereits vorhandenen ehemaligen slawischen Fluchtburg.

Im gleichen Jahr gründete Joachim I. auch die Stadt Neubrandenburg am Ufer des großen Tollensesees. Nur wenig später, 1259, erhielt Stargard brandenburgisches Stadtrecht. Von der Burg, die auf einem hoch gelegenen Plateau über der Stadt und dem Lindebach liegt, stehen heute, wenn auch verändert, noch zahlreiche Gebäude und Ruinen, so dass die Burg Stargard als die einzige erhaltene Höhenburg in Mecklenburg gilt, an der die Bauprinzipien mittelalterlicher Burgenarchitektur noch vollständig ersichtlich werden.

An der Ostseite der Burganlage ist das Schutzsystem von Wall und Graben durchbrochen. Die hier angelegte Zufahrt wurde jedoch durch das untere Torhaus gesichert. Durchquert man heute den alten erhaltenen Torbogen und den Bereich der bebauten Vorburg, gelangt man in gerader Linie zum oberen Torhaus. Ursprünglich befand sich das Tor zur Burg aber nicht dort, sondern etwas weiter südlich. Dieses ältere Torhaus ist noch vorhanden, wenngleich es nicht sofort als solches erkennbar ist. Es hat einen Fachwerkgiebel, unter dem im Backsteinmauerwerk Spitzbogenfenster eingebaut sind. Mit einiger Phantasie ist auch die ehemalige Tordurchfahrt zu erkennen, die später vermauert wurde. Da im Mittelalter links und rechts neben dem alten Torhaus die herzoglichen Wohngebäude lagen, war im Obergeschoss des Torhauses die Burgkapelle eingerichtet. Der Zugang zur Kapelle erfolgte

von den oberen Etagen der Burggebäude aus. Der aufmerksame Besucher wird an den Mauern des unteren und des oberen, älteren Torhauses auch noch Rundbogenfriese finden, obwohl im 13. Jahrhundert schon längst die Zeit der Spitzbogengotik angebrochen war.

Das markanteste Gebäude der Burg ist der weit über das Land schauende Bergfried. Er ist aus Feldsteinen gemauert und mit Backsteinen verkleidet. Sein Unterbau stammt aus dem 13. Jahrhundert. Die Mauern sind hier 3,95 Meter stark. Aber auch im oberen Bereich ist eine Mauerstärke von zwei Metern noch recht beachtlich. Den Zinnenkranz und das Kegeldach erhielt der Turm erst 1823, nachdem 1807 Teile des Turms abgebrochen werden mussten. Das Mauerwerk und die Wasserabdichtung des Turms wurden 1990 erneut instandgesetzt.

Neben dem Turm liegt das zweigeschossige »Krumme Haus«, in dem früher die Burgbesatzung wohnte. Die Mauern des Hauses bilden faktisch die Fortsetzung der Schildmauer, die einst die Burg umgab. Ein Feuer vernichtete am 19. Dezember 1919 das zweigeschossige, mit einem hohen Satteldach versehene Haus. Durch verschiedene missliche Umstände kamen damals die Löscharbeiten nicht rechtzeitig in Gang. Weil die Burg keine eigene Wasserversorgung hatte, musste das Löschwasser von der Stadt auf die Burg gefahren werden! Außerdem waren der damalige Burgherr, der Landdrost von Stargard, und auch der Bürgermeister der Stadt nicht am Ort, so dass keine organisierte Leitung der Löscharbeiten erfolgte. Auch die aus Neubrandenburg gerufene »Dampfspritze« konnte letztlich nicht eingreifen, weil auf den schlechten, gefrorenen Wegen wichtige Ventile abgebrochen waren. So brannte das »Krumme Haus« völlig aus und kann heute nur als Ruine besichtigt werden. Das größere Haus an der Nordseite der Burg war von 1742 bis 1749 die Münze von Mecklenburg-Strelitz. Bis 1990 wurde dieses Haus als Jugendherberge genutzt, heute lädt ein Restaurant zum Verweilen ein. Andere alte Burggebäude sind inzwischen ganz verschwunden, darunter auch das Brau- und das Waschhaus.

Ursprünglich war die Burg Sitz der Stargarder Landesfürsten gewesen, nachdem das Land 1292 durch Heirat an Mecklenburg gefallen war. 1471 starb die Stargarder Herzogslinie mit Ulrich II. aber aus, und nun übernahmen die Güstrower Herzöge als Fürsten das Land Stargard und die Burg. Durch die mecklenburgische Erbteilung von 1701 erhielt Stargard wieder mehr Bedeutung, jedoch nahm der neue Herzog Adolf Friedrich II. seinen Sitz nicht in der Burg Stargard, sondern in der Burg Strelitz. Die Stargarder Burg wurde deshalb nur noch selten als herzogliches Quartier genutzt, so dass die Gebäude verfielen. Aus diesem Grund wurden auch die ehemaligen Wohngebäude, das »alte Schloss« neben dem alten Torhaus, 1708 abgebrochen und an ihrer Stelle Stallungen und eine Remise neu gebaut. Im »Krummen Haus« richtete man schließlich ein herzogliches Amt ein, das von Beamten verwaltet wurde.

Auch in der geräumigen Vorburg, die heute noch bebaut ist, waren landwirtschaftlich genutzte Gebäude errichtet worden, nachdem sich die Aufgaben der Burg gewandelt hatten. Dazu gehört auch das eingeschossige Haus gleich rechts neben dem unteren Torhaus, das als Hengststation, Magazin und Kornboden diente. Auf der anderen Seite des Zufahrtsweges zur Burg entstand 1852, an Stelle des 1710 gebauten Pförtnerhauses, das aus Fachwerk errichtete zweigeschossige Gefangenenhaus, in dem heute ein Hotel eingerichtet ist.

Westlich und südlich vor der Burg, außerhalb der Burghofmauern, erstreckt sich ein Park mit alten Bäumen vornehmlich einheimischer Arten. Vom Parkrand aus gibt es schöne Ausblicke auf die waldreiche Umgebung und die steilen Hänge des Burgbergs, die nachweislich ab 1508 unter Herzog Heinrich V. als Weinberge genutzt wurden.

Sehenswertes in der Umgebung: Schlösser, Gutshäuser und Parks in Leppin, Dewitz, Cölpin, Sponholz, Cammin, Teschendorf, Quadenschönfeld und ein halbes bewohntes Gutshaus in Krumbeck, aber mit Lennépark.

Dalwitz (Krs. Güstrow, F4)

In Dalwitz, früher und heute wieder im Besitz der Familie von Bassewitz, findet man einen großen Gutshof aus dem 19. Jahrhundert. Die Zufahrt erfolgte ursprünglich von Süden durch eine den Gutshof zum übrigen Dorf hin absperrende Torscheune. Diese aus roten Backsteinen errichtete breite Torscheune weist neben einem rundbogigen Torbogen ein kleines Türmchen auf dem Dachfirst auf. Hofseitig findet sich über der Durchfahrt eine Wappentafel.

Die historischen Ställe, Scheunen und anderen Wirtschaftsbauten sind durch architektonische Details, wie z. B. ungewöhnliche Fensterformen, noch gut zu erkennen. In der ehemaligen Remise wird jetzt während der Sommersaison ein Lokal gleichen Namens betrieben.

Am nördlichen Ende des Wirtschaftshofs liegt das rechtwinklig angelegte Gutshaus inmitten eines quadratischen Hofplatzes, der von einem Wall mit vorgelagertem breiten Wassergraben umgeben ist. Der Hofplatz zwischen den Wällen misst etwa achtzig Meter im Quadrat und ist der Rest einer bereits im 13. Jahrhundert erwähnten Burgstelle. Reste der Burg sind in Form von Backsteinen mit Klosterformat in einem Durchgang im westlichen Wall zu sehen.

Dem Durchgang steht ein in der Zeit des Barock, um 1715, erbautes eingeschossiges Gutshaus gegenüber. Ehemals standen sich zwei gleiche Häuser parallel gegenüber; das westliche ist jedoch schon lange verfallen. Deshalb wurde rechtwinklig zu dem östlichen Haus aus dem Barock 1855 durch Heinrich Graf von Bassewitz an der Nordseite des Hofplatzes ein zweigeschossiger neuer Hausflügel mit neogotischen Details (Fensterüberdachungen, Wolkenfries an Dachtraufe, Erker- und Eckbau) angefügt.

Der erkerartige Anbau zum Hof hin, der einen Altan trägt, und der eingeschossige Anbau im Winkel zwischen altem Gutshaus und Neubau haben zudem jeweils drei Kielbogenfenster. Das Wappentier der Familie von Bassewitz, ein Eber (»der Basse«) ist in der Wetterfahne auf dem Dach, im Wappenfeld über der Tür und am Tor allgegenwärtig. Seit 1992 sind das Gutshaus und ein großer landwirtschaftlicher Betrieb in Dalwitz wieder in von Bas-

Gutshaus in Dalwitz

sewitzscher Hand. Es wird ökologische Landwirtschaft und sanfter Tourismus (Ferienwohnungen im Gut Dalwitz) betrieben. In mühevoller Kleinarbeit wurde auch das ehemals verschlissene Gutshaus zu Wohnzwecken wieder hergerichtet.

Schon zur Zeit des Barock hat es einen Park in Dalwitz gegeben, für den im Schwedischen Reichsarchiv in Stockholm auch ein Plan gefunden wurde. Heute erstreckt sich der Park auf den Wällen und vor dem Graben als Landschaftspark. Aus dem Barock mögen noch die sehr alten, abgängigen Linden stammen, aber mit Lederhülsenbaum *(Gleditsia triacanthos)* und einer mehrstämmigen Kaukasischen Flügelnuss *(Pterocarya fraxinifolia)* sind auch seltene Gehölze zu finden. Daneben wurden Linden neu angepflanzt.

Sehenswertes in der Umgebung: An der Straße zum Nachbardorf Alt Vorwerk stehen Windmühlen. In Alt Vorwerk ließ Hugo von Oertzen 1859 den Grundstein für ein Gutshaus legen.

1861 zog er dann in das von Baumeister Thormann erbaute Haus ein. Im benachbarten Boddin steht ein sehenswertes, klassizistisches Gutshaus. Gleich daneben liegt ein kleiner Park mit Sicheltanne, Färbereiche und einer Großblättrigen Linde *(Tilia x flaccida)*. Weitere Schlösser und Gutshäuser sind in Neu Polchow, Lühburg, Prebberede, Belitz, Groß Wüstenfelde, Poggelow und Wardow zu sehen.

Diekhof (Krs. Güstrow, E4)

Das nur fünf Kilometer östlich von Rossewitz liegende Barockschloss Diekhof wurde am 4. Mai 1945 bis auf die Grundmauern zerstört. Nur ein von Unkraut überwachsener Schutthügel kennzeichnet heute seinen einstigen Standort.

Das Schloss entstand zwischen 1732 und 1739 für Ludwig Achaz von Hahn (aus dem Hause Kuchelmiß). Zum Schloss gehörten auch zwei frei stehende Seitenflügel, wobei im westlichen der Marstall untergebracht war und sich im östlichen u.a. die Schlosskapelle befand, die erst am 6. November 1768 eingeweiht wurde.

Eingebettet in eine Nord-Süd orientierte, lang gestreckte Parkanlage, lag quer dazu das Hauptgebäude des Schlosses. Die Seitenflügel bildeten nördlich vom Haupthaus einen großen Ehrenhof. Weit ab, westlich hinter dem Marstall, liegt noch heute der Wirtschaftshof. Die Verbindung zum Schlosshof konnte durch den Marstall hergestellt werden, der zum Schloss hin ein von einem Giebeldreieck verziertes großes und zum Wirtschaftshof hin drei schlichte Tore hat.

 Vom Schlosshof führt eine Lindenallee zu zwei bewohnten Torhäusern direkt an der Landstraße, die von der B108 nach Güstrow führt. Hier signalisiert ein Obelisk, leider ohne Inschrift, die Besonderheit des Ortes.

Schloss Diekhof präsentierte sich einst als zweigeschossiges Bauwerk, dessen hohes Mansardendach vier große Schornsteine und zwei Reihen unterschiedlich ausgeführter Mansardenfenster aufwies. Das Schloss war fünfzehn Achsen breit und durch Mittel- sowie Seitenrisalite gegliedert. Über den beiden dreigeschossigen Mittelrisalit stand je ein Dreieckgiebel. Im Gegensatz dazu waren die vier Seitenrisalite nach oben durch Segmentbogengiebel abgeschlossen. Kolossalpilaster reichten vom Fries unter der Traufe bis zum Kellergeschoss hinab. In den Mittelrisalit waren zwischen den Fensterachsen Säulen angeordnet, so dass das Schloss schon fast eine klassische Fassade hatte. Auf der Hofseite war der Mittelrisalit dreiachsig und mit vier Säulen versehen, der der Parkseite hingegen war fünfachsig und hatte sechs Säulen.

Die Zimmer und Säle des Schlosses waren streng symmetrisch angelegt. Erst 1766 wurden die Stuckarbeiten in den Zimmern von dem Stuckateur G. N. Mez, der auch in Ratzeburg, Münster und Westfalen gearbeitet hatte, ausgeführt. Im Obergeschoss lagen die Bibliothek und der Weiße Saal. Im Gegensatz zur relativ strengen äußeren Gestalt des Schlosses soll die Innenausstattung dem »verspielten«, aufwendigen Rokoko entsprochen haben.

Die beiden Seitenflügel des Schlosses bestanden aus je zwei zweigeschossigen, dreiachsigen und quadratischen Pavillons mit Mansardendach, die durch einen eingeschossigen Verbinder zum Seitenflügel komplettiert wurden. Erhalten ist nur, wenn auch in desolatem Zustand, der Marstall (s. Abb. S. 52).

Der östliche Seitenflügel wurde schon Mitte der 1960er Jahre abgetragen, jedoch blieb dessen südlicher Pavillon erhalten. Darin befindet sich die ehemalige Schlosskapelle. Restaurierungen Anfang der 1950er Jahre und später haben dafür gesorgt, dass dieses Kleinod der Architektur die Zeichen der Zeit überstand. Die kleine Kirche ist einschließlich des Deckenstucks ganz in Weiß und Gold gehalten. Es ist ein Werk des Meisters C. D. Holle. Von der Inneneinrichtung beeindrucken der in Mecklenburg selten anzutreffende Kanzelaltar und die Emporen. Einige Epitaphe aus dem 19. Jahrhundert lassen uns wissen, dass Diekhof auch im Besitz der Familie von Bassewitz war. Graf B.F.A. von Bassewitz (1817-1892) hatte 1845 das Gut von L. von Wallmoden gekauft. Aufgrund wirtschaftlicher Schwierigkeiten wurde das Gut im Herbst 1933 in dreiundvierzig Bauernstellen aufgesiedelt. Das Schloss und der Park verblieben aber im Besitz der Familie Graf von Schlieffen, die das Schloss jedoch nicht bewohnten.

Der gesamte Schlossbereich ist von hohen Linden gesäumt, die die Fortsetzung der Zufahrtsallee sind. Im Park selbst ist nur noch eine Lindenallee erhalten. Den Innenraum des Parks bestimmten früher Rasenflächen und Blumenbeete. Heute wird dieser Bereich von zwei Häusern mit Gärten eingenommen, die aus der jüngeren Geschichte Diekhofs stammen. In unmittelbarer Nähe dieser Gebäuden stehen sehr alte Feldahornbäume. Am Südgiebel des Marstalls findet der Besucher zwei Trauereschen und eine schlecht gewachsene Pyramideneiche. Auch eine Roteiche und eine zweistämmige, gelbblühende Rosskastanie (Appalachen-Rosskastanie; *Aesculus flava*) gehören zum alten Baumbestand des Parks. An einem Tümpel, in dem Unken leben, steht eine sehr große Weymouthskiefer *(Pinus strobus)*, deren dünne, weiche Nadeln immer zu fünft in einem Büschel angeordnet sind. Der von Rotbuchen, Stieleichen, Ahornarten und einigen Rosskastanien gebildete östliche Parkteil hat inzwischen waldartigen Charakter angenommen. Nur an der Schlosskapelle zeugen einige Taxusbüsche von der alten barocken Busch- und Heckenbepflanzung des Parks.

Sehenswertes in der Umgebung: Schlösser, Gutshäuser und Parks in Gottin mit Rosengarten, Matgendorf, Rossewitz, Tellow mit Thünen-Museum und dendrologisch bemerkenswertem Park, Schwiessel, Spoitgendorf, Zapkendorf und Wardow.

Fincken (Krs. Müritz, E9)

Das Gutshaus in Fincken ist Mittelpunkt einer typischen Gutsanlage des 19. Jahrhunderts. Es wurde 1801 als dreizehnachsiger, zweigeschossiger Putzbau zwischen Wirtschaftshof und Park erbaut. Die Mitte der Hofseite des Hauses bildet ein mit einem flachen Dreieck übergiebelter Mittelrisalit mit halbrundem Balkon über Portal und Freitreppe. Beidseitig vor dem Gutshaus stehen zwei Seitenflügel, die bewohnt sind bzw. lange Zeit als Schule (das Gebäude hat großen Rundbogenfenster) genutzt wurden. Die Parkseite des Gutshauses bestimmt der in der Mitte des Gebäudes angefügte Saalbau im Stil der Tudorgotik mit schönen Kielbogenfenstern, der erst um 1850 gebaut wurde.

Zum Wirtschaftshof gehört auch die mittlerweile in Mecklenburg einzige erhalte Rundscheune, die wohl um 1801 als Marstall oder Reithalle entstand. Der Zierfachwerkaufbau auf dem massiv gemauerten Sockel ist erst um 1850 ergänzt worden.

Das Gut war früher im Besitz der Familie der Grafen von Blücher, die übrigens die Wohnhäuser (Katen) der Landarbeiter des Gutes abseits des Anwesens, an der Landstraße, bauen ließen.

Im Park neben dem Gutshaus stehen drei 1973/74 erbaute zweigeschossige Flachbauten, die als Bettenhäuser dienten, als das Gebäude nach einem zur gleichen Zeit realisierten Umbau als Betriebsferienheim für das Bau- und Montagekombinat (BMK) Halle/Leuna genutzt wurde.

Der Park zum Gutshaus erstreckt sich südwestlich davon und liegt zwischen dem Finckener See und der Straße, die zum Nachbardorf Knüppeldamm führt. Der Landschaftspark, der in der ersten Hälfte des 19. Jahrhunderts angelegt wurde, ist auch Standort eines Mausoleum aus der gleichen Zeit. Beeindruckend ist der Baumbestand, zumal hier einige dendrologische Besonderheiten wie Schwarzkiefer *(Pinus nigra)*, Schlitzblättrige Buche (Stammdurchmesser fast zwei Meter), Platanen, rotblättriger Spitzahorn, Taxus, jüngere Grautannen und Blutbuchen, eine starke Zerreiche *(Quercus cerris)* sowie eine dreistämmige Silberlinde *(Tilia tomentosa)* zu finden sind.

Gutshaus Fincken

Sehenswertes in der Umgebung: Burgruinen, Schlösser, Gutshäuser und Parks in Alt Schwerin, Burg Stuer-Vorwerk, Dambeck, Karow, Leizen, Ludorf, Plau am See, Wredenhagen.

Galenbeck (Krs. Mecklenburg-Strelitz, K6/7)

Galenbeck liegt am gleichnamigen großen See, zwölf Kilometer östlich von Friedland (Mecklenburg), und ist daher nicht mit Galenbeck bei Stavenhagen, zu verwechseln.

Schon seit langer Zeit verläuft unweit der Ortschaft, quer durch die »Friedländer Große Wiese« und im »Großen Landgrabental« die Grenze zwischen Mecklenburg und Pommern. Von beiden Seiten ist die Grenze im Mittelalter durch Burgen befestigt gewesen. Eine der Burgen auf mecklenburgischer Seite wurde am sumpfigen Ufer des Galenbecker Sees gebaut. Etwa zweihundert Meter nordwestlich der Kirche liegt die erschlossene Burganlage, die einst im 13. Jahrhundert durch Lehnsleute des Brandenburgischen Markgrafen errichtet wurde. 1304 ging die Burg zusammen mit dem Land Stargard in den Besitz der Mecklenburgischen Fürsten über. Von 1392 bis 1945 gehörte das Gut Galenbeck der Familie von Rieben.

Der mittelalterlichen Burg war kein langes Leben beschieden. Eine Stralsunder Streitmacht belagerte und zerstörte bereits 1453 die Befestigung. Reste der Burg können jedoch besichtigt werden, weil zwischen 1978 und 1984 Bodendenkmalpfleger und Schülerarbeitsgemeinschaften unter der Leitung von Uwe Schwarz (Friedland) hier umfangreiche Ausgrabungen vornahmen. Die aufgefundenen Gräben und Grundmauern wurden gesichert und für Besichtigungen erschlossen. Dazu gehören auch die Fundamente des Palas der Burg. Der Turmhügel selbst ist nur 25 x 25 Meter groß. Am Rand des Hügels erhebt sich noch neun Meter hoch, der ungewöhnliche Bergfried der Burg. Eigentlich ist es nur ein halber Turm, das sieht der Besucher jedoch erst, wenn er sich zur Westseite begibt. Dieser im ersten Drittel des 15. Jahrhunderts erbaute Turm ist überwiegend aus Feldsteinen gemauert, jedoch innen und außen mit Backsteinen verkleidet. Als Fluchtturm angelegt, war der Zugang nur über Leitern in ein oberes Geschoss des Turms möglich. Eine Tür zu ebener Erde gab es nicht.

Wer den Turm umrundet hat, dem offenbart sich die tatsächliche Stärke der Turmmauern. Das ist beim Galenbecker Turm besonders gut zu sehen, weil der Turm wie mit einem Messer, von oben nach unten, zerschnitten, halbiert ist. Dadurch konnte die

Stärke der Mauern an der Basis von 3,30 Metern genau vermessen werden. Bei einem äußeren Durchmesser von 9,20 Metern verblieb für den nutzbaren Innenraum nur ein Durchmesser von 2,60 Meter. Umgerechnet ergibt das eine Grundfläche von nur knapp 5,50 m^2 die als letzter Rückzugsort, allerdings in mehreren Etagen, zur Verfügung standen. Von allen Burgtürmen Mecklenburgs unterscheidet sich der Galenbecker dadurch, dass er sehr schief ist; seine Neigung beträgt mit 15° bis 20° einiges mehr als bei dem viel berühmteren »Schiefen Turm von Pisa«. Neben der Kirche, auf festem Boden, wurde im 18. Jahrhundert ein Fachwerkbau als herrschaftliches Wohnhaus neu errichtet. Wie die Fachwerkgliederung verrät, geschah das in zwei Bauetappen. Die Haustür befindet sich heute nicht symmetrisch im Haus, was für die Barockzeit ungewöhnlich wäre. Um die Tür herum jedoch wurde symmetrisch gebaut. Links und rechts neben ihr liegen je vier Fensterachsen. Dieses erste Fachwerkhaus wurde an den Seiten durch die Fachwerkfigur des »halben Mannes« abgeschlossen. Später erst ist das Gutshaus noch nach Westen erweitert worden. In einfacher ausgeführtem Fachwerk wurden weitere vier Achsen angefügt und unter einem gemeinsamen, gebrochenen Krüppelwalmdach mit dem älteren Teil des Hauses vereinigt. Dieses Dach hat fünf schöne Fledermausgauben. Das Haus steht schon lange leer, obwohl es seit 1993 bereits zweimal verkauft wurde.

In der südlichsten Ecke des ehemaligen Gutsparks (Zugang von der Dorfstraße aus) kann die etwa 200 Jahre alte »Luisenlinde« besichtigt werden. Dabei handelt es sich um die einzige Tanzlinde Mecklenburgs. Bei dieser Linde haben findige Gärtner und Zimmerleute eine Tanzfläche in die speziell dazu gezogene Krone eingebaut. Das Fachwerkgestell wurde 1994 komplett erneuert.

Neben Burg und Gutshaus, in dem übrigens G. L. von Blücher 1760 seinen Übertritt zu den Preußischen Husaren des Oberst Belling vollzogen haben soll, steht in Galenbeck auch ein selten gewordenes, schilfgedecktes Seitenlaubenhaus.

Sehenswertes in der Umgebung: Schlösser, Gutshäuser und Parks in Cosa, Kleppelshagen, Klockow, Kotelow, Lübbersdorf, Neuensund, Rattey mit neuem Weinberg am Schloss und vielen Alteichen im Park, Schönhausen.

Der »schiefe Turm« von Galenbeck

Ganzkow (Krs. Mecklenburg-Strelitz, I6)

Zu den wenigen barocken Dreiflügelanlagen Mecklenburgs gehört das Gutshaus in Ganzkow. Es steht am nördlichen Ende des ursprünglich nur aus Gutshaus, Wirtschaftshof, Kirche und Landarbeiterkaten bestehenden Dorfes am Rande des »Kleinen Landgrabentals«. Das Haus ist im Kern ein in der zweiten Hälfte des 18. Jahrhunderts erbautes, eingeschossiges verputztes Fachwerkhaus mit zwei nur an den Hausecken rechtwinklig anschließenden Seitenflügeln. Die Seitenflügel enthielten ursprünglich jeweils eine große, mitten im Haus liegende Herdstelle und Wirtschaftsräumen, die nach 1945 zu Wohnräumen umgebaut wurden. Das Gutshaus verfügt in der südlichen Hofseite über elf Achsen, wovon drei auf den Mittelrisalit entfallen. Die Seitenflügel sind fast quadratisch mit drei Achsen Breite und Tiefe.

Nach 1821 erweiterte der Neustrelitzer Architekt Friedrich Wilhelm Buttel (1796-1869) das eingeschossige Haupthaus um eine dreiachsige Vorhalle mit Rundbogentüren und ein zweites Geschoss. Die Gartenseite vergrößerte er in ähnlicher Weise. Der hofseitige Mittelrisalit erhielt ein flaches Giebeldreieck. Nach einem Brand wurde 1920 das Haupthaus massiv wieder aufgebaut, wobei der barocke Mittelkorridor in Höhe der beiden Mittelrisalit unterbrochen wurde. Heute zeigt das Gutshaus im Mansardendach links und rechts neben dem Altan über der Eingangshalle je drei Mansardenfenster, jedoch keine zusätzlichen Fledermausgauben mehr. Das Giebeldreieck von 1920 ist steil, das Wappenfeld der Familie von Michael fehlt. Von den Buttelschen Rundbogentüren sind zwei seit vielen Jahren vermauert. Defekte Fenster zeigen den Verfall des Gebäudes an, obwohl die Gemeinde das Gutshaus und den 1,2 Hektar großen Park schon am 1. März 1993 an eine Familie Weller aus Bayern verkauft hatte, die erst ein Hotel, dann ein Seniorenwohnheim einrichten wollte. Bis zum Februar 1996 passierte nichts, dann zogen die neuen Eigentümer wieder fort. Seitdem steht das Haus leer und verfällt.

Sehenswertes in der Umgebung: Burgen, Schlösser, Gutshäuser und Parks in Burg Stargard, Beseritz, Brunn, Glocksin, Klempenow, Lübbersdorf, Penzlin, Putzar, Salow, Zinzow.

Gelbensande (Krs. Bad Doberan, E1)

Zu den stilistisch seltsamen Schlossbauwerken in Mecklenburg zählt das für Herzog Friedrich Franz III. erbaute Jagdschloss Gelbensande in der Rostocker Heide. Architekt des Schlosses war Gotthilf Ludwig Möckel (1838-1915), der den Bau im Stil englischer Landhäuser (Cottage-Stil) entwarf, jedoch auch Elemente traditioneller russischer Folklorearchitektur einbezog, war doch die Gemahlin des Herzogs, Herzogin Anastasia, eine russische Großfürstin.

Der Grundstein für das Schloss wurde am 1. Mai 1885 gelegt und bereits am 23. September 1885 feierte man Richtfest. Fertiggestellt war das Bauwerk im März 1886, die Arbeiten an der Innenausstattung zogen sich jedoch bis 1887 hin, wobei auch Möbel aus dem 1884 geräumten Darguner Schloss Verwendung fanden. G. L. Möckel hatte auf unregelmäßigem Grundriss ein Bauwerk entworfen, dass auf einem hohen Sockelgeschoss aus roten und gelben unverputzten Klinkern (Backsteinen) aufgeführt wurde. Auch das erste Oberschoss mit den Hauseingängen, verschiedenen Fensterformen und Laubengängen ist aus roten Backsteinen gebaut, in denen gelbe Steine als horizontale und vertikale Schmucklinien verwendet wurden. Das zweite Obergeschoss besteht aus hintermauertem Zierfachwerk mit schmükkenden Giebeln, Loggien und behelmten Eckerkern. Selbst das Dach ist durch aufwendige Neorenaissanceschornsteine (ähnliche findet man auf dem Schloss Celilienhof in Potsdam) und Gauben auffällig verziert. Auch im Innern sind zahlreiche Architekturdetails im Stil des Historismus erhalten, wozu Buntglasfenster, mehrere Kaminzimmer, Holzdecken und -wandpaneele gehören. Hier und da findet sich auch der russische Doppeladler.

Nachdem das Schloss zwischen 1918 und 1944 der herzoglichen Familie, neben den anderen ihnen zugesprochenen Schlössern, als Wohnsitz gedient hatte, war zu Kriegsende 1945 ein Lazarett darin untergebracht. Deshalb gibt es auch kaum fünfzig Meter vom Schloss entfernt einen kleinen Friedhof. Neben dem Friedhof steht das ehemalige Brunnenhaus (Wasserwerk) des Schlosses, dass zwar massiv gemauert ist, aber mit vorgeblendetem Holz wie ein Blockhaus aussieht. Ganz in der Nähe des

Jagdschloss Gelbensande bei Rostock

Schlosses befindet sich zudem als sehenswerte Parkarchitektur ein ziegelgedecktes kleines Pumpenhäuschen.

Nach der Lazarettnutzung wurde im Schloss bis 1979 ein Tbc-Krankenhaus betrieben. Es diente auch fünf Jahre lang als Bauarbeiterunterkunft. Danach war es bis 1990 Sitz des Rates der Gemeinde und der Dorfbibliothek.

Anfang der 1990er Jahre gab es auch hier hochfliegende Investorenpläne – es sollten ein Spielkasino und ein Hotel entstehen. Aber alles kam dann anders. Seit 1994 gehört das Schloss der Gemeinde Gelbensande, die es mit Hilfe des Fördervereins »Jagd-Schloss Gelbensande e.V.« geschafft hat, die Sanierung des Baus voranzutreiben, so dass heute in den historischen Räumen bereits fünf Dauerausstellungen, u. a. über den Architekten G. L. Möckel und die Geschichte des Jagdschlosses, gezeigt werden und Konzerte stattfinden können.

Sehenswertes in der Umgebung: Schlösser, Gutshäuser und Parks in Bandelstorf, Dummerstorf, Groß und Klein Kussewitz, Groß Lüsewitz, Groß Potrems mit einem Park von Theodor Klett, Lieblingshof, Mandelshagen, Niekrenz, Poppendorf und in Teschendorf.

Göhren-Lebbin (Krs. Müritz, F8)

Nur sieben Kilometer östlich von Malchow liegt unweit des Fleesen- und Kölpinsees das Dorf Göhren-Lebbin. Seit 1822 war es im Besitz der Grafen von Blücher auf Fincken gewesen. Graf Ludwig II. von Blücher ließ hier 1842 das Schloss Blücher errichten. Bis 1911 trug auch das ehemalige Dorf Lebbin den Namen Blücher. 1871 kaufte Walter von Tiele-Winckler, ein Oberschlesischer Großindustrieller, das Schloss Blücher. Weil dieses Gebäude in einfacher Lehmfachwerkbauweise ausgeführt war und den neuen Ansprüchen nicht genügte, ließ sein Sohn Raban von Tiele-Winckler es abreißen und auf den Feldsteingrundmauern ein prächtiges, neues Schloss errichten. Nach Plänen der Berliner Architekten Ernst und Günter Paulus wurde in den Jahren 1914/15, unter der Leitung der Architekten Lehnert und Erdmann das zweitürmige Schloss errichtet. Es entstand ein äußerlich schlichtes, aber großes neobarockes Bauwerk. Mit fünfzehn Achsen in der Breite, liegt es quer zum Dorf. Drei Achsen bilden auch hier den Mittelrisalit, in dem der Haupteingang liegt. Nach oben wird der Risalit durch einen hohen geschwungenen Giebelaufsatz abgeschlossen. Recht eigenwillig sind zwei polygonale Türme mit geschweiften Hauben an der südöstlichen Giebelseite angefügt worden. Aus der Ferne betrachtet hat das Schloss damit die Silhouette einer Kirche.

Das Schloss hat ein Kellergeschoss und zwei Etagen. Darüber ist ein sehr hohes Mansardendach gebaut, das wohl so hoch ist wie die beiden Hauptgeschosse. Daher ist es nicht verwunderlich, dass im Dach neben dem Mansardengeschoss noch zwei Reihen Gauben eingebaut wurden, um diesen großen Dachraum nutzen zu können. Vor dem Haupteingang liegt eine große Freitreppe und ein massiver Vorbau, in dem sich ehemals der Windfang und die Garderobenräume für Gäste befunden haben. Ochsenaugen betonen den barocken Stil des Schlosses. Auf Wunsch des Bauherrn sollten im Erdgeschoss große Räume geschaffen werden. Daher verzichteten die Architekten auf einen Korridor. Die Halle im Erdgeschoss ist der dominierende Raum des Schlosses. Da sie auch als Festsaal dienen sollte, wurde sie bis an die Gartenfront des Schlosses durchgebaut und hat daher eine Grundfläche von rund einhundertsiebzig Quadratmetern. Wie in vielen anderen Schlössern reicht die Halle bis in die zweite Etage empor. Eine hölzerne Treppe führt einmal gewendet zum Obergeschoss, wo eine hölzerne Galerie die Verbindung zu den Zimmern herstellt. Gut erhalten ist die hölzerne Kassettendecke. Das siebzig Quadratmeter große Speisezimmer befand sich zwischen den beiden Türmen, darunter lag, mit fünfundsechzig Quadratmetern die nicht minder große Küche. Die Parkseite des Schlosses ähnelt der Dorfseite. Lediglich dem Mittelrisalit fehlt der Vorbau. Dafür sind links und rechts, neben dem Portal zur Terrasse, erkerartige Anbauten mit Altanen in die Fassade eingefügt.

Die Kosten für den Abriss des alten und den Aufbau und die Einrichtung des neuen Schlosses beliefen sich damals auf sechshundertvierzigtausend Mark, was Zeitzeugen als »mäßige Baukosten!« bezeichneten.

Nach 1945 beherbergte auch dieses Schloss Flüchtlinge und Umsiedler, später auch Bürgermeisterei und Poststelle der Ge-

Halle mit Treppenaufgang im Schloss Göhren-Lebbin

meinde. Ab 1973 gehörte das Schloss zum Staatlichen Kohlekontor Berlin und wurde als betriebliches Ferienheim genutzt. 1980 wurde das Volkseigene Kombinat Sekundärrohstoffe (Sero) Berlin dann Nutzer des großen Hauses und setzte auch die begonnenen Restaurierungs- und Umbauarbeiten fort. Am 9. Februar 1986 ist das Schloss schließlich seiner neuen Bestimmung als Ferienheim übergeben worden. Seit Sommer 1990 wurde es dann, historisch nicht exakt, als Hotel »Schloss Blücher« betrieben, ehe es im Jahr 2000 als Hotel zum Mittelpunkt einer weitläufigen Ferienlandschaft »Land Fleesensee« wurde.

Der Erholungsfunktion des Schlosses entsprechend, wurde ab 1980 auch schon der Park instandgesetzt. Vor der Dorfseite des Schlosses breitete sich einstmals eine lange, von jungen Linden gesäumte, Rasenfläche aus, die nun durch eine in der Mittelachse des Schlosses liegende, einem großen Stollenmundloch nicht unähnliche, Tiefgarageneinfahrt ersetzt wurde.

Im Park bieten sich dem Betrachter, lässt er den Blick über die weiten Rasenflächen mit schönen Bäumen und hügeliges Gelände schweifen, stets neue Perspektiven. Ins Auge fallen die Blutbuchen mit ihren weithin leuchtenden, roten Blättern, verschiedene Tannenarten und drei sehr große Schlitzblättrige Buchen, die, botanisch betrachtet, einheimische Rotbuchen sind, die aber Blätter mit tief geschlitzten Rändern besitzen, so dass diese fast wie spitze Eichenblätter aussehen. An einem kleinen Teich stehen Traueresche und Trauerweiden. Man findet im Park, der bis zum Fleesensee reicht, aber auch alte Platanen, Lärchen, Schwarzkiefern und Fichten.

Sehenswertes in der Umgebung: Schlösser Gutshäuser und Parks in Alt Schwerin, Groß Kelle, Klink, Karow, Ludorf, Sparow und Walow.

Groß Lüsewitz (Krs. Bad Doberan, E3)

Das Schloss in Groß Lüsewitz wurde zwischen 1896 und 1897 nach Plänen von Gotthilf Ludwig Möckel für Ferdinand Biermann erbaut, nachdem das alte Gutshauses im Jahr 1895 einem Brand zum Opfer gefallen war.

Im Gegensatz zu dem von Möckel entworfenen, sehr aufwendig gestalteten herzoglichen Jagdschloss in Gelbensande, ist das Schloss in Groß Lüsewitz für einen Rittergutsbesitzer eher einfach gebaut.

Es erhebt sich im Stil der Neorenaissance über einem unregelmäßigen Grundriss. Durch seine helle Putzfassade, die mit behauenem Werkstein eingefassten Fenster und Türen, einen großen Schmuckgiebel über dem dorfseitigen Risalit, der auch eine dreiachsige Loggia im dritten Geschoss aufweist, mit Zwerchhäusern auf den Dächern und einem oktogonalen Turm gleicht das Bauwerk jedoch eher einem Schloss als einem Gutshaus.

Der Turm ist oberwärts eines kräftigen Gesimses auf Konsolen ganz aus Naturstein gebaut und zeigt mit Vorhangbogenfenstern ein Stilelement der Renaissance, das in Mecklenburg nicht häufig zu finden ist (am Turm der Burg Neustadt-Glewe). Vielleicht hat Möckel diese Fensterform in Anlehnung an die Fenster der Albrechtsburg in Meißen gewählt, war er doch vor 1884 als Privatarchitekt mehrere Jahre in Sachsen, in seiner Geburtsstadt Zwickau und in Dresden, tätig. Den Turmabschluss bilden über den Fenstern halbrunde Lünettengiebel mit Aufsatz und eine Haube mit offener Laterne.

Nach 1945 – das Gut war ab 1926 im Besitz von Hans Thyssen, einem Neffen des gleichnamigen Großindustriellen – wurden Schloss und landwirtschaftliches Gut im Zuge der Bodenreform nicht aufgeteilt, sondern nahm ein Volkseigenes Gut (VEG) hier seine Arbeit auf. Eng damit verbunden war 1948 die Gründung eines Kartoffelzüchtungsinstituts unter der Leitung von Professor Dr. Rudolf Schick, das ab 1952 als Institut der Deutschen Akademie der Landwirtschaftswissenschaften (AdL) angegliedert wurde. Die wissenschaftliche Forschungseinrichtung besteht heute in zwei Instituten der Bundesanstalt für Züchtungsforschung (BAZ) fort.

Während der zurückliegenden Jahrzehnte musste der Park Stück für Stück den neuen Institutsbauten weichen. Nur am Rand des vom Dorf aus zugänglichen Teiches sind noch Reste des Parks erhalten.

Sehenswertes in der Umgebung: Schlösser, Gutshäuser und Parks in Bandelstorf, Dummerstorf, Groß und Klein Kussewitz, Groß Potrems, Lieblingshof Mandelshagen, Niekrenz, Poppendorf, Teschendorf, Wendfeld.

 Seite 69: Schloss Groß Lüsewitz

Groß Miltzow (Krs. Mecklenburg-Strelitz, J7)

Schon im 17. Jahrhundert war Groß Miltzow (früher nur Miltzow genannt) im Besitz der Familie von Dewitz, die später, im kleinen Herzogtum Mecklenburg-Strelitz, bedeutende Persönlichkeiten hervorbrachte. Für das Jahr 1755 ist überliefert, dass damals das Gut Miltzow einen Rittersitz, d.h. ein herrschaftliches Haus hatte, zu dem eine Wassermühle gehörte, wobei diese als Getreide-, Öl-, Säge- und Papiermühle arbeitete. Das ist nicht verwunderlich, denn Groß Miltzow liegt am nordwestlichen Abhang der Helpter Berge, den höchsten Erhebungen in Mecklenburg (max. 179 m über NN), so dass Mühlteiche an den Bächen aufgestaut werden konnten.

Um 1760 entstand auf dem Gut Groß Miltzow ein barockes, eingeschossiges Wohnhaus mit zwei Seitenflügeln, von denen heute noch der östliche vorhanden ist. Nachdem das Gut in den Folgejahren um weitere Besitzungen vergrößert wurde (z. B. das Dominalgut Klein Miltzow, Holzendorf, Vorwerk Ulrichshof, Helpt, Vorwerk Oertzenhof und Vorwerk Sophienhorst), umfasste das Gut eine Fläche von 1250 Hektar. Ab 1785 bewirtschaftete es Ulrich Otto III. von Dewitz, der das Haupthaus zu einem zweigeschossigen Barockschloss umbauen ließ, wobei der heute noch vorhandene Gartensaal an der Parkseite als Halboval hervorgebaut wurde. Das Dach war damals ein abgewalmtes, gebrochenes Dach mit zwei Reihen Fledermausgauben und vier symmetrisch verteilten Schornsteinen auf dem First, die es heute noch gibt. In den Jahren 1804 bis 1805 war übrigens der spätere Reformpädagoge und Erfinder des Kindergartens Friedrich Wilhelm August Fröbel (1782-1852) als Privatsekretär bei Otto Ulrich von Dewitz (1747-1808) angestellt. Wohl um 1840/44 wurde dann das barocke Schloss in ein zweigeschossiges, elfachsiges Neorenaissanceschloss umgebaut, wobei das Gebäude an der westlichen Giebelseite um einen dreigeschossigen Anbau, den Bibliotheksflügel, verlängert wurde. Dieses Schloss ist erhalten, wenn auch mit vereinfachter Fassade (1974). Markante Gliederungselemente sind die flachen, ehemals mit Putznutung versehenen Wandsäulen (Lisenen), der dreiachsige Mittelrisalit mit Volutengiebel, in dem die Wappen der Familie Dewitz (drei Pokale) und der Familie von Maltzan (zwei Hasenköpfe und ein Weinstock) neben zwei runden Fenstern angebracht sind.

Durch das ausgebaute Mansardendach ist das Gutshaus dreigeschossig nutzbar. Die nach Süden zu einem See gerichtete Parkfront des Gebäudes unterscheidet sich von der Hofseite durch einen als Halboval, dreiachsig und zweigeschossig, aus der Flucht des Hauses hervortretenden Gartensaal. In Höhe der Mansardenfenster ist die mittlere Achse durch ein doppeltes Fenster und einen Lünettengiebel hervorgehoben. Noch aus der Zeit des barocken Gutshauses wird die sehenswerte ovale hölzerne Wendeltreppe stammen, die von der Halle an der Hofseite bis unter das Dach hinaufführt. Die Halle hat eine hölzerne Kassettendecke. Im ersten Obergeschoss findet sich ein Kamin mit Sandsteinrahmung und Monogramm, sowie einer Eisenplatte die die Jahreszahl MDCCCCVII (1907) und zwei Wappen trägt.

Ab 1905 gehörte das Gut Groß Miltzow mit Klein Miltzow und Ulrichshof dem Freiherrn Dr. Hans Bodo von Bodenhausen auf Burgkemnitz (östlich Wolfen, Sachsen-Anhalt), der es von Ulrich von Dewitz für 2,5 Millionen Mark gekauft hatte.

Nach Kriegsende wurde in Groß Miltzow ein Volkseigenes Gut eingerichtet, dessen Verwaltung, neben Wohnungen, Kindergarten, Rat der Gemeinde und Konsumverkaufsstelle, im Schloss untergebracht war. 1974 wurde die Fassade neu verputzt und 1982/83 mit einem gelben Anstrich versehen.

Der etwa zwölf Hektar große Park mit überwiegend einheimischen Gehölzen und der See dienten bisher der Naherholung. 1999 wurde das Haus durch die Treuhandliegenschaftsgesellschaft (TLG) privatisiert.

Sehenswertes in der Umgebung: Schlösser, Gutshäuser und Parks in Alt Käbelich, Cölpin und Cosa, Eichhorst, Galenbeck, Göhren mit Lennépark und sehr seltener Variante der Traubeneiche *(Quercus petraea ‚Mespilifolia')*, Kleppelshagen, Leppin, Liepen, Rattey, Schönhausen, Sponholz und Wolfshagen.

Groß Plasten (Krs. Müritz, G7)

Am nördlichen Ufer eines Sees, dem die Ostpeene entspringt, liegt das Gutshaus Groß Plasten. Etwa in der Mitte des 18. Jahrhunderts, als das Anwesen der Familie von Normann gehörte, ist ein eingeschossiges barockes Gutshaus erbaut worden, das mit der Front nach Norden zum Gut zeigt. Um 1800 wurde C. E.H. von Saldern neuer Besitzer. Um 1850/55 ging das Gut in den Besitz der Familie von Michael über, die auf Gut Ihlenfeld (bei Neubrandenburg) saßen. Unter Friedrich von Michael, der eine Tochter aus der Großindustriellenfamilie Haniel (Ruhrgebiet, damals Montanindustrie) heiratete, wurde um 1900 an den Südgiebel des alten Gutshauses ein dazu quer stehender neuer Flügel im Neobarockstil angebaut. So entstand ein T-förmiges Bauwerk.

Das alte Gutshaus ist ein eingeschossiger Putzbau von dreizehn Achsen Breite, wobei der Mittelrisalit auf der Hof- und der Parkseite drei Achsen hat und zweigeschossig aufgeführt ist. Das Haus wurde mit einem hohen ausgebautes Mansardendach versehen. Die Mansardenfenster haben Segmentbogenabschlüsse. Vor dem alten Haus liegt ein von Blumenbeeten eingerahmtes rundes Wasserbecken.

Der jüngere Schlossflügel ist über einen einachsigen Verbinder vom alten Gutshaus aus zu erreichen. Der Flügel ist im Gegensatz zum alten Haus zweigeschossig und hat ein hohes Mansardendach mit zwei dominierenden Schornsteinen. Die Ecken des drei Achsen tiefen, gelb getünchten Hauses sind durch graue Putznutung verziert. Die Breitseite von sieben Achsen ist dem See zugewandt. Zur besonderen Gestaltung wurden die mittleren fünf Achsen als Risalit leicht vor die Front des Hauses gezogen. Diesem Risalit ist ein Säulenaltan vorgelagert. Der Risalit setzt sich auch im Mansardendach fort und wird erst in der oberen Dachhälfte zu einem Dachdreieck zusammengefasst, in dem eine Fledermausgaube eingebaut ist. Eine Terrasse in voller Hausbreite und eine zweiarmige Treppe bilden den Übergang zur Parklandschaft mit See. Im Gegensatz zum verputzten, gelben Schloss sind für die Terrasse unverputzte, gebrochene Feldsteinen verwendet worden.

Im Schloss, dass zwischen 1951 und 1991 als landwirtschaftliche Weiterbildungsstätte, Arztstation, und Dorfbibliothek ge-

Groß Plasten

nutzt wurde, sind einige Räume in der Originalausstattung erhalten. Dazu gehören das holzverkleidete Vestibül, das Kaminzimmer mit Kassettendecke und der »Barocksaal« mit zarten, vergoldeten Stukkaturen und aufwendig geschnitzten Türen. Nach drei Jahren des Leerstands wurde das Schloss im April 1994 privatisiert, restauriert und schon am 17. Juni 1995 als »Hotel & Restaurant Schloss Groß Plasten« eröffnet.

Der Landschaftspark erstreckt sich mit Rasenflächen südwestlich vom Schloss bis zum Seeufer. Vom alten Gutshaus aus führt, ein Weg nach Westen in den Park hinein, dessen Baumbestand aus Eschen, Rosskastanien, Lindenreihen an einer kleinen Brücke und Stieleichen alt ist. Vertreten sind auch starke Schwarzkiefern und Nordmannstannen.

Sehenswertes in der Umgebung: Schlösser, Gutshäuser und Parks in Klein Plasten, Bredenfelde, Deven, Federow, Groß Gievitz, Kargow, Kittendorf, Speck, Torgelow, Varchentin.

Groß Wüstenfelde (Krs. Güstrow, F4)

Nordöstlich von Matgendorf liegt das Dorf Groß Wüstenfelde. Dort steht, umgeben von einem großen runden Ringwall, der wahrscheinlich slawischen Ursprungs ist, ein zweigeschossiges Fachwerkhaus mit leicht überkragendem Obergeschoss und Walmdach sowie zwei ehemalige Wirtschaftsgebäude. Es fällt auf, dass die Fenster im Fachwerk des Gutshauses recht unregelmäßig eingesetzt sind. Die Kellergewölbe sind im Gegensatz zum Gebäude selbst aus Feldsteinen gemauert und stammen wohl noch von der bereits im Mittelalter angelegten deutschen Burg innerhalb des Walls. In den Chroniken ist für das Jahr 1283 ein Ritter von Schmecker (Smeker) auf Wüstenfelde erwähnt. In der ersten Hälfte des 19. Jahrhunderts stieß man bei Bauarbeiten auf große Mauerreste der alten Burg, die damals auch abgetragen wurden. Die dabei gewonnenen Steine wurden für weitere Bauarbeiten auf dem Gut wieder verwendet. Sowohl das Gutshaus in Groß Wüstenfelde als auch die davor liegenden Wirtschaftsgebäude, wobei das westliche heute schon ziemlich verfallen ist, entstanden um 1700.

Das Fachwerkhaus samt Umfeld ist jetzt restauriert und bewohnt. Der alte Ringwall hat einen Durchmesser von etwa einhundertzwanzig Metern und ist stellenweise noch sechs Meter hoch.

Zwischen Gutshaus und Ringwall liegt ein inzwischen sumpfig gewordener Graben, an dem eine Vielzahl von Eschen, Erlen und Holunder wachsen. Nur an der Südseite ist der Wall durchbrochen worden. Dort befindet sich die Einfahrt zum kleinen Gutshof, der keinen Platz für einen Park bot.

Sehenswertes in der Umgebung: Schlösser, Gutshäuser und Parks in Alt Vorwerk, Belitz, Duckwitz, Dalwitz wo auch Wall und Graben erhalten sind, Lühburg, Matgendorf, Neu Polchow, Poggelow im Tudorstil, Prebberede mit großem Barockschloss, Wardow.

Güstrow (Krs. Güstrow, D5)

Güstrow ist immer eine Reise wert. Die Ernst-Barlach-Gedenkstätten, der mittelalterliche Dom mit Barlachs »Schwebendem Engel«, ein Rathaus im Zopfstil (Louis-Seize), eine Vielzahl von interessanten Bürgerhäusern und nicht zuletzt Mecklenburgs größtes Renaissanceschloss lohnen einen Besuch. Das Renaissanceschloss unterscheidet sich durch seine außergewöhnliche äußere und innere Gestaltung wesentlich von allen anderen erhaltenen Schlössern der Renaissancezeit in Mecklenburg. Bedingt durch die Tätigkeit auswärtiger Architekten, Baumeister und Künstler, sind am Güstrower Schloss sowohl italienische wie niederländische Einflüsse mit der bodenständigen mecklenburgischen Baukunst in schöner Harmonie zusammengefügt.

Ausgangspunkt für den Bau des heute dreiflügligen Schlosses war eine mittelalterliche fürstliche Burg, von der einige Gebäude 1557 durch Feuer vernichtet wurden. Wegen der Güterteilung zwischen den herzoglichen Brüdern Johann Albrecht I. und Ulrich im Jahr 1555 hatte Ulrich den Besitz Güstrow erhalten. Durch den Brand war er gezwungen, einen neuen Wohnsitz errichten zu lassen. Herzog Ulrich holte sich mit den Brüdern Parr Lombarden (Norditaliener) ins Land, die zwischen 1558 und 1565 den heutigen Süd- und Westflügel des Schlosses neu errichteten. Federführend beim Bau war Franz(iskus) Parr. Für den Bau des Güstrower Schlosses wurden u. a. Backsteine des 1552 säkularisierten Klosters Marienehe (heute Ortsteil von Rostock) verwendet. In Anlehnung an die italienische Renaissancearchitektur erhielten die Fassaden des dreigeschossigen Schlosses eine markante Putzquaderung, die die Verwendung von grob behauenen Natursteinen nachahmt. Diese Putzfelder nehmen in der Größe vom Kellergeschoss nach oben hin ab. Mehrere Gesimse gliedern die Fassaden horizontal. Durch diese Form der Fassadengestaltung unterscheidet sich Schloss Güstrow auffällig von den zur gleichen Zeit errichteten, mit Terrakottaplatten geschmückten Schlössern, die Herzog Johann Albrecht I. in Schwerin und Wismar aufführen ließ.

Neben der markanten Putzgestaltung ist am Güstrower Schloss, besonders am Westflügel, die unsymmetrische Gliederung der

Fassade durch einen großen Risalit mit Tordurchgang und einen weiteren neben dem Südwest-Eckturm hervorzuheben. Diese Risalite und Ecktürme haben vier Geschosse.

Das gesamte Schloss erhebt sich über einem hohen Kellergeschoss, das an der Westseite sogar zweigeschossig ausgeführt ist, was aber nur an den Fassaden erkennbar ist, da das Schloss auf einem Hügel erbaut wurde. Die Hofseite des Schlosses zeigt sich durchgehend dreigeschossig. Ehe man den Schlosshof erreicht, muss man das erst 1670 gebaute Tor- oder Pforthaus passieren, das nach Plänen von Charles Philippe Dieussart entstand. Auch dieses Bauwerk weist eine kräftige Putzquaderung auf. Über die Schlossbrücke, die den Abstieg zum südlich vom Schloss liegenden Renaissancegarten ermöglicht, gelangt man zur gewölbten Tordurchfahrt und auf den Schlosshof. Hier bietet sich dem Besucher ein in Mecklenburg inzwischen einmalig gewordener Anblick. Die Hofseite des Südflügels zeigt sich als dreigeschossige, offene Galerie – ein Werk des Steinmetzen Hans Strol. Die beiden unteren Etagen dieser Galerien sind gewölbt, die obere ist flach gedeckt. Ionische und korinthische steinerne Säulen tragen die Bögen der Arkaden. Zugang zu dieser bemerkenswerten Architektur erhält man über den großen, im Grundriss ovalen, Treppenturm am östlichen Ende des Südflügels. Ursprünglich sollte der Südflügel noch nach Osten verlängert werden, jedoch wurde dieses Vorhaben nicht verwirklicht, und so blieb der Treppenturm ein Eckturm. Nach der Fertigstellung der beiden Schlossflügel ging Franz Parr nach Schweden. Bald zog ein Brand erneut Bauarbeiten nach sich. 1585 brannte der verbliebene zweigeschossige Nordflügel der mittelalterlichen Burg ab, so dass Herzog Ulrich nun Philipp Brandin aus Utrecht mit dem Neubau des Nordflügels beauftragte. So beeinflussten auch niederländische Bauideale die Architektur des Güstrower Schlosses, wo zwischen 1587 und 1588 der Nordflügel neu entstand. Eine Inschrifttafel am Erker des sechsgeschossigen, mit starker Eckquaderung versehenen Nordturms erinnert an das damalige Baugeschehen. Bis 1594 baute dann Claus Midow nach Brandins Plänen auch den Ostflügel mit der Schlosskapelle. Damit war, bis auf eine Baulücke zwischen Ost- und Südflügel, nun eine Vierflügelanlage mit beeindruckenden Fassaden, Giebeln und stattlichen Türmen entstanden. Erwähnenswert sind auch zahlreiche

Schloss Güstrow

Schornsteine in den aufwendigen Schmuckformen der Renaissance, die man in dieser Vollendung an mecklenburgischen Schlössern sonst nur noch bei Neorenaissanceschlössern (z. B. in Gelbensande) findet.

Vom vierflügligen Schloss Güstrow sind nur wenige Abbildungen überliefert. Eine schöne Ansicht vom Schloss zeigt ein Kupferstich von Caspar Merian (1653) und ein Gemälde im Schlossmuseum, das erst 1836 nach Merians Stich entstand.

Schon 1794/95 wurden unter merkwürdigen Umständen sowohl der Ostflügel als auch Teile des Nordflügels abgebrochen, so dass Schloss Güstrow heute nur noch als Dreiflügelanlage besichtigt werden kann.

Nicht nur die außergewöhnliche äußere Gestaltung des Schlosses ist beeindruckend, gleichermaßen besticht die Ausstattung der Innenräume. Neben zahlreichen gewölbten Räumen im Keller und Erdgeschossbereich, gibt es vor allem im Südflügel auch flachgedeckte Zimmer und Säle mit restaurierten, prachtvollen

Stuckdecken. Dazu gehört der Parr-Saal mit Keramikfußboden und einer in braunen, grün-blauen und goldenen Farbtönen gehaltenen, ornamental gestalteten Decke. Höhepunkt der Innenausstattung ist jedoch der Festsaal mit dem zwischen 1570 und 1578 von Christoph Parr geschaffenen farbigen Hirsch- und Rehfries. Fast in Lebensgröße treten Hirsche und Rehe, deren Köpfe mit natürlichen Geweihen versehen sind, halbplastisch aus dem Fries heraus. Die Kassettendecke des Saals wurde später, erst um 1620, von dem Stuckateur Daniel Anckermann mit elf mythologischen Darstellungen und fünfundzwanzig Jagdszenen versehen. Auch diese Stuckarbeiten sind zum Teil halbplastisch ausgeführt und erlangen damit besonderen Reiz. Zwischen 1964 und 1972 wurde das Schloss umfassend restauriert. Polnische Stuckateure, die hier mitarbeiteten, verewigten den Bauleiter Rudolf Pilz in einem der Stuckfelder als Reiter mit Schlips und Kragen.

Während der Rekonstruktion wurde ebenfalls damit begonnen, den Schlossgarten, der direkt südlich am Schloss liegt, wiederherzustellen. Auf einer etwa drei Hektar großen Fläche wurden symmetrische Blumenbeete (darunter 2.500 m^2 mit Lavendel) angelegt, die typische Heckenbepflanzung mit Hainbuchen, Buchsbaum und Liguster vorgenommen und Laubengänge aus Hainbuche errichtet. An drei Seiten von Wassergräben umgeben, ist dieser Renaissancegarten der einzige in Mecklenburg, der rekonstruiert werden konnte (1978). Hilfreich war dabei ein Bild von Merian (1653), das das Schloss samt Garten aus der Vogelschau zeigt. Es ist nicht ausgeschlossen, dass der Garten während der Herrschaft Wallensteins in Mecklenburg seine letzte Gestalt erhielt. Albrecht von Wallenstein (1583-1634) hatte 1628 Mecklenburg als Lehen vom Kaiser erhalten, war zum regierenden Herzog von Mecklenburg ernannt worden und erkor vom Sommer 1628 bis zum Sommer 1629 Schloss Güstrow zur Residenz.

Nachdem der mecklenburgische Herzog Gustav Adolf im Jahr 1695 ohne männlichen Erben verstorben war, wurde es sehr still um das Schloss, denn Schwerin wurde alleinige Residenz der mecklenburgischen Herzöge. Es wurde nur noch sehr selten zu bestimmten Anlässen genutzt. Die Möbel brachte man in die Schlösser von Schwerin und Ludwigslust. Der Verfall setzte ein. So wundert es nicht, dass am Ende des 18. Jahrhunderts ein Teil des Schlosses (Ostflügel) abgetragen wurde.

Erst zu Beginn des 19. Jahrhunderts erhielt das Schloss eine neue Bestimmung. Während den Befreiungskriegen (1813-1815, eine Säule auf dem Franz-Parr-Platz vor dem Schloss erinnert daran) beschloss der mecklenburgische Landtag die Einrichtung eines »Landarbeitshauses« im Güstrower Schloss. Um Geld dafür aufzutreiben, wurde 1814 eine Steuer von einem Taler und vierundzwanzig Schillingen je Hufe erhoben. Durch eine Verordnung vom 5. April 1817 wurde dann die Gründung des Landarbeitshauses beschlossen. Das Landarbeitshaus war nicht nur Heimatlosenasyl, sondern diente auch als Verwahranstalt für Straftäter »leichter Fälle«. Um möglichst viele Menschen aufnehmen zu können, wurden damals die großen Räume und Säle ohne Rücksicht auf ihre künstlerische Ausstattung durch die Einfügung von Wänden und Decken in viele kleine Räume und Zellen geteilt. Erst 1918 erhielt das Gebäude eine neue Funktion; es diente fortan als Landesfürsorge- und Landarbeitshaus. Zwischen 1933 und 1945 wurde das Haus als Durchgangslager für inhaftierte Gegner des nationalsozialistischen Regimes benutzt. Nach Kriegsende war hier vorübergehend ein Altersheim untergebracht, ehe 1964 die Rekonstruktions- und Restaurierungsarbeiten begannen, bis schließlich 1972 das Schlossmuseum eröffnet wurde.

Sehenswertes in der Umgebung: Schlösser, Gutshäuser und Parks in Bellin, Bützow, Charlottenthal, Groß Tessin, Katelbogen, Park Kuchelmiß mit dem Tal der Nebel und einer Wassermühle, Marienhof, Rossewitz (Frühbarock), Spoitgendorf, Vietgest, Zapkendorf.

Hohen Luckow (Krs. Bad Doberan, C3)

In Richtung Bützow, nahe der südlichen Grenze des Kreises Bad Doberan, steht in Hohen Luckow ein sehenswertes Schloss aus der Epoche des Barock. Den Mittelpunkt des Dorfes bildet ein großes, weiträumig angelegtes landwirtschaftliches Gut – mit 1 000 Hektar Acker und 1 000 Milchkühen. In der Hauptachse dieser Anlage liegt das nun schon fast 300 Jahre alte Schloss, das zwischen 1707 und 1708 für Christoph von Bassewitz gebaut wurde. Hohen Luckow gehörte seit 1308 zum Familienbesitz der Familie von Bassewitz. Das Wappentier der Familie ist ein auf silbernem Feld springender Eber, »der Basse«, der weidmännische Begriff für einen alten, starken Keiler, von dem eine Plastik auch am Tor zum Gutshof angebracht ist.

Gleich hinter diesem Tor gabelt sich der Zufahrtsweg und führt hufeisenartig um eine weite Rasenfläche herum, an deren unteren, nördlichen Ende sich das Schloss in dunkelgelben und rotbraunen Farbtönen zeigt. Noch vor etwa 60 Jahren war das Schloss durch weiße Putzflächen und rotbraune Gesimse und Fensterumrahmungen gekennzeichnet. In gewisser Weise ähnelte es wegen seiner blockhaften Bauweise dem 1680 fertiggestellten Frühbarockschloss von Rossewitz, das kaum dreißig Kilometer entfernt, südöstlich im Recknitztal liegt.

Schloss Hohen Luckow hat in der dem Hof zugewandten Südseite neun Fensterachsen. Drei davon bilden den von einem Giebeldreieck übergipfelten Mittelrisalit. Auch die nach Norden gerichtete Parkseite ist so gegliedert. Breite, farbig hervorgehobene Gesimse zwischen den beiden Etagen und unter der Traufe gliedern das Bauwerk horizontal. Daneben sind die Fensterumrahmungen der einzige Schmuck des Hauses, wenn man von dem mit Reliefs versehenen Giebeldreieck der Hofseite absieht. Direkt über dem Südportal ist eine alte barocke Schrifttafel eingelassen, die Auskunft über die Baugeschichte des Schlosses gibt.

Die Parkseite des Bauwerks hat im 19. Jahrhunderts insofern eine Veränderung erfahren, als dass man um 1860 an die beiden Ecken des Schlosses zwei oktogonale, dreigeschossige Türme anbaute. Diese sind mit barocken Hauben gedeckt. Das Schloss schließt ein hohes Vollwalmdach ab.

Da Barockschlösser in der Regel über repräsentative, meist durch Stuck verzierte Räume und Säle verfügen, sind auch im Schloss Hohen Luckow in einigen Räumen Stuckdecken mit Figuren und Ornamenten erhalten. Besonders reich ausgestattet ist der Festsaal, der »Rittersaal«, der aber nicht in der Mitte des Schlosses, sondern im Westteil der oberen Etage liegt. Der Saal erstreckt sich von der Hof- bis zur Parkseite des Hauses. Er ist sehenswert restauriert. Vielgestaltig und aufwendig sind Kamin mit Wappenfeld, Wandsäulen, Puttenköpfe, Ornamente, Kronen und runde Reliefbilder. Die Stuckaturen sollen von C. B. Clerici angefertigt sein.

Das Gut war von 1308 bis 1810 im Besitz der von Bassewitz'. Käufer von Hohen Luckow war damals Conrad Philipp von Stenglin (auf Plüschow), der den Besitz für seinen Sohn Otto Heinrich Ehlert von Stenglin erwarb, in dessen Besitz es bis 1830 blieb. Später ging das Gut in die Hände der Familie von Brocken über. Nach 1945 wurde in den alten, historischen Wirtschaftsanlagen ein Volkseigenes Gut (VEG) gegründet, dessen Verwaltung seinen Sitz im Schloss hatte. 1994 wurde das Gut privatisiert, auf dem nicht nur Landwirtschaft engagiert betrieben wird. Im Schloss finden auch Kulturveranstaltungen und Konzerte statt, und in den Turmzimmern stehen Ferienwohnungen zur Verfügung.

Die große Rasenfläche zwischen Gutshoftor und Schloss, die von zweigeschossigen Wirtschaftsgebäuden eingerahmt wird, ist von Lindenreihen gesäumt, die 1986/87 an Stelle alter Linden neu angepflanzt wurden. Nördlich vom Schloss liegt der etwa vier Hektar große Park, der im 19. Jahrhundert die noch heute erkennbaren Formen eines Landschaftsparks erhielt. Unmittelbar am Schloss sind nur wenige Gehölze zu finden, darunter ein alter Taxusbusch. In dem durch einige Wege erschlossenen Park sind in der jüngeren Vergangenheit (um 1987) Neupflanzungen vorgenommen worden, darunter drei kleinere Ginkgobäume. Es ist aber auch ein etwa sieben Meter hoher Ginkgo zu finden.

Besonderes Augenmerk verdient eine Schlitzblättrige Sommerlinde *(Tilia platyphyllos ‚Laciniata')*, die in mecklenburgischen Parkanlagen viel seltener anzutreffen ist als z.B. der Tulpenbaum oder die Blutbuche. Neben alten Rosskastanien sind auch Douglasien, eine Kaukasische Flügelnuß, zwei Platanen, Spitzahorn

Blick in den Wappensaal im Schloss Hohen Luckow

und Hainbuchen, aber auch Silberahorn, Trauer- und Blutbuche neben Buchsbaum, Beereneibe *(Taxus)* und Eschenahorn *(Acer negundo)* mit gefiederten Blättern vertreten.

Sehenswertes in der Umgebung: Schlösser, Gutshäuser und Parks in Bad Doberan und Heiligendamm, Berendshagen, Bützow, Gnemern, Gerdshagen, Hütten bei Parkentin, Hohen Niendorf, Karin, Klein Belitz, Moisall, Rosenhagen, Westenbrügge, Wichmannsdorf.

Hohen Niendorf (Krs. Bad Doberan, B2)

Am Rande der Kühlung, einer eiszeitlichen fruchtbaren Erhebung (am Schloss 90 m über NN), unmittelbar hinter dem Ostseestrand zwischen Heiligendamm und Kühlungsborn, liegt das ehemalige Gut Hohen Niendorf. Dort wurde 1865 nach Plänen des Architekten Thormann für den Grafen Wichard von Wilamowitz-Moellendorff (1835-1905) ein Schloss gebaut, zu dem 1866 der aus Rostock stammende Gartenarchitekt Wilken einen Landschaftspark von damals 30 Hektar Fläche anlegte. Der Graf hatte seinen Stammsitz auf Schloss Gadow (in der Prignitz in Brandenburg), wo er zur gleichen Zeit einen Park anlegen ließ. Das Schloss, welches 1912 nach Plänen von Gustav Hamann (1852-1919) umgebaut wurde, ist ein einfacher, zweigeschossiger Putzbau mit elf Achsen über einem hohen Kellergeschoss aus Natursteinen. An Hof und Parkseite sind die jeweils drei äußeren Fensterachsen als flache dreigeschossige Seitenrisalite hervorgezogen und durch schlichte Dreiecksgiebel mit jeweils einem runden Fenster oben abgeschlossen. Hofseitig ist am westlichen Risalit ein dreiseitiger turmähnlicher Anbau eingefügt worden. Der quadratische Schlossturm mit Zeltdach ist diagonal in die westliche Giebelseite integriert. Es ist ein viergeschossiger Aussichtsturm mit großen Fenstern nach allen vier Himmelsrichtungen.

Die Fassade des weißen Schlosses wird durch glatte Putzflächen horizontal und vertikal gegliedert. Über dem Kellergeschoss sind quadratische und über dem zweiten Geschoss runde Verzierungen als Friese angebracht. Diese können wie der vorgelagerte eingeschossige Flachbau (ehemalige Mensa) mit Terrassendach vom bisher letzten Umbau des Schlosses zur Gewerkschaftsschule für den damaligen Bezirk Rostock stammen. Dieser Umbau währte von 1972 bis zum Sommer 1974.

Der Schlossbauherr Graf Wichard von Wilamowitz-Moellendorff zeigte großes Interesse für die Dendrologie und ließ deshalb seinen Park als Gehölzsammlung (Arboretum) anlegen, was dazu führte, dass die Deutsche Dendrologische Gesellschaft bei einer Besichtigung im Jahr 1927 noch 103 verschiedene Gehölzarten vorfand. Auch heute ist der unmittelbar nördlich und östlich am

Gutshaus Hohen Niendorf

Schloss gelegene, nur etwa zwei Hektar große Parkteil durch viele Baumarten geprägt. Dazu gehören z.B. Edelkastanie *(Castanea sativa)*, Bergahorn, Douglasie, Nordmanntanne, Hemlockstanne, Weymouthskiefer, Silberlinde *(Tilia tomentosa)*. Weiterhin sind Scheinzypressen, Eschen und Robinien, Rhododendronbüsche, Sicheltanne *(Cryptomeria japonica)*, Lärchen, Blutbuche, Stieleiche, Traubeneiche, Hainbuche, Feldahorn, eine stattliche Stechpalme *(Ilex aquifolium)* und auch ein jüngerer Mammutbaum *(Sequoiadendron giganteum)* angepflanzt. Ferner bilden acht Sommerlinden ein Rondell, in dessen Mitte eine Traubeneiche steht.

Sehenswertes in der Umgebung: Schlösser, Gutshäuser und Parks in Berendshagen, Gerdshagen, Gnemern, Klein Belitz, Lehnenhof, Hütten, Rosenhagen, Wichmannsdorf.

Hohenzieritz (Krs. Mecklenburg-Strelitz, H8)

Auf dem westlichen Hang des südlichen Tollensebeckens liegt Hohenzieritz, das schon 1170 als Cyrice urkundliche Erwähnung fand.

Dort wurde nach einem Brand zwischen 1747 und 1751 für Hans Christian von Fabian ein neues Schloss gebaut – ein elfachsiges, eingeschossiges Gebäude über einem hohen Kellergeschoss, wobei man die Fundamente des abgebrannten Schlosses nutzte. Wegen ungeklärter Erbschaftsverhältnisse, von Fabian war 1753 gestorben, wurde das Gut schließlich vom Herzog in Neustrelitz eingezogen.

1770 schenkte Herzog Adolf Friedrich IV. es seinem Bruder Carl Ludwig Friedrich nebst Schloss. Dieser ließ 1776 vor den eingeschossigen Bau zwei ebenfalls eingeschossige, fünfachsige Kavaliershäuser setzen, die nach Plänen des herzoglichen Leibmedikus Verpoorten gebaut wurden. Verpoorten hatte sich bereits als Architekt der Neustrelitzer Stadtkirche einen Namen gemacht.

Ab 1790 begann ein durchgreifender Umbau des Schlosses nach Plänen des Strelitzer Forstingenieurs Johann Christoph Dräsecke. So wurde u. a. ein zweites Geschoss aufgesetzt. In der Mitte der zweiten Etage hat man damals zwei Fenster zusätzlich eingefügt. So wurden die Mittelrisalite breiter, die beide zudem mit großen Dreiecksgiebeln versehen wurden. Im hofseitigen sind das herzogliche Wappen und die verschlungenen Initialen des Bauherrn (CLF) angebracht. Das östliche Giebeldreieck ist mit dem in Putz gefertigten mecklenburgischen Wappen, Kanonenrohren und Krone verziert. Seine interessante äußere, frühklassizistische Gestalt erhält das Schloss durch Kolossalpilaster mit aufwendigen, aus Eichenholz gefertigten Kapitellen. Auch die Innenausstattung war seit 1795 klassizistisch. Jedoch sind davon nur die Raumaufteilung und ein Kachelofen erhalten geblieben. Das Schloss war seit 1919 Landeseigentum. Es wurden Wohnungen, später auch kommunale Einrichtungen und lange nach 1945 eine landwirtschaftliche Forschungsstelle beim Rat des Bezirkes Neubrandenburg darin eingerichtet. Die nahtlose Nutzung des Gebäudes bewirkte, dass es in einem guten Zustand blieb. 1963 wurde die Fassade restauriert. Eine umfassende Restaurierung innen und außen erfolgte zwischen Dezember 1997 und Mai 2000. Heute hat das Müritz-Nationalparkamt im Schloss seinen Sitz.

Auch im Dorf stößt man auf architektonische Sehenswürdigkeiten. Gegenüber vom Schloss, an der Dorfstraße, steht das zweigeschossige Kruggebäude (Gasthof), das am gewölbten Bohlenbinderdach zu erkennen ist. Es wurde 1804 nach Plänen von Friedrich Wilhelm Dunkelberg (1773-1844) errichtet. Von ihm stammt ebenfalls die Schlosskirche, ein klassizistischer Rundbau mit einem Kuppeldach von 1806. An der Dorfstraße liegt auch die Schmiede, die wie ein kleiner, klassischer Tempel 1823 von Friedrich Wilhelm Buttel (1796-1869), dem Schwiegersohn Dunkelbergs, gebaut wurde.

Östlich vom Schloss entstand ein Park, der ab 1771, kurz nach der Übernahme durch den späteren Herzog Carl, in der Verantwortung des englischen Gärtners Thomson stand. Damals erfuhr

der bereits vorhandene Barockgarten in zwei Etappen die Umgestaltung in einen Landschaftspark, in die sowohl das abfallende Gelände am Schloss, als auch die umliegende freie Landschaft einbezogen wurde. Mittelpunkt des so genannten »englischen Parks« ist östlich unterhalb des Schlosses eine große Wiesenfläche, die als Weide genutzt wurde und wird. Um zu verhindern, dass die Weidetiere in den übrigen Park laufen, wurde am Rand der Wiese ein Höhensprung aus Feldsteinen errichtet, der aus dem Areal jedoch nicht herausragt, also nicht zu sehen ist, und daher »der AHA« genannt wird.

Im Zusammenspiel mit einem umfangreichen Wegenetz fügte sich früher eine Vielzahl von Kleinarchitekturen in die Parklandschaft ein. In der zweiten Gestaltungsphase wurde am östlichen Hang ein Denkmal für die beiden Gemahlinnen des Herzogs Carl errichtet (s. Abb. oben) und südlich neben dem Schloss der Luisentempel aufgestellt. Baumeister dieses offenen Rundtempels, dessen acht Säulen ein restauriertes Kuppeldach tragen, war

Christian Philipp Wolff (1772-1820), der ihn zwischen 1812 und 1815 zum Andenken an die preußische Königin Luise baute. Königin Luise, die Gemahlin des Preußenkönigs Friedrich Wilhelm III., war die Tochter des mecklenburgischen Herzogs Carl. Bei einem Besuch ihres Vaters verstarb sie im Alter von erst vierunddreißig Jahren, am 19. Juli 1810, in Hohenzieritz. Im Schloss ist dazu jüngst eine Gedenkstätte eingerichtet worden.

Sehenswertes in der Umgebung: Burgen, Schlösser, Gutshäuser und Parks in Alt Rehse, dort neben Schloss und Park auch ein nationalsozialistisches Fachwerk-Musterdorf, Ankershagen mit Burgruine, Schloss und H.-Schliemann-Museum, Burg Stargard eine Höhenburg, Gevezin, Klein Helle, Lapitz, Mallin, Neustrelitz, Peckatel zwei Gutshäuser, Penzlin eine Burg mit Hexenkeller, Prillwitz an der Lieps, dort zwei herzogliche Schlößchen, Puchow, Weisdin und Wrodow.

Karin (Krs. Bad Doberan, B3)

Ein sehr ungewöhnliches Gebäude ist das so genannte »Holländerhaus« oder auch »Krumme Haus« in Karin. Das schon 1699 gebaute Gutshaus ist ein kleiner zweigeschossiger, fünfachsiger Bau mit einem Walmdach. Seinen besonderen Reiz erhält die Gutsanlage durch zwei im Viertelkreis angesetzte ebenerdige Seitenflügel unter einemSatteldach, wobei die beiden Giebel der Seitenflügel, die zur Dorfstraße zeigen, das Dreieck des Walmdaches des mittleren Baues wiederholen. Ein ähnliches Bauwerk gibt es nur noch ein zweites Mal in ganz Mecklenburg, und zwar in Form des Marstalls am Schloss Ivenack (Krs. Malchin).

Durch die gerade Front des Mittelbaus ergibt sich für die Gutshausanlage die Gestalt eines Halbovals zum Gutshof hin. Dieses frühbarocke Gutshaus ist für den Holländer Karl Leonhard von der Lühne gebaut worden, der seit 1693 auf Alt Karin saß und dem Haus zu seinem Namen verhalf.

Das Holländerhaus wurde als Fachwerkbau errichtet, ist aber schon seit langer Zeit verputzt. Bemerkenswert ist die Stärke der dorfseitigen Mauern. Sie messen über dem Fußboden etwa einen Meter und haben unter der niedrigen Zimmerdecke noch eine Stärke von fünfundsiebzig Zentimetern, allerdings nur auf der Dorfseite des Hauses. Die Mauern der Gartenseite sind sehr viel dünner, was auf einen Umbau hinweist. In der unterkellerten Giebelstube des nördlichen Flügels befindet sich auch ein Brunnen.

Die Gartenseite des Hauses offenbart auch, dass das alte Gutshaus nur eine krumme Schauseite hat. Die Gartenansicht der Seitenflügel zeigt jeweils zwei gerade Wände, so dass das Haus, vom Garten aus betrachtet, zwei stumpfwinklig angesetzte Seitenflügel zeigt. Gegenüber dem Holländerhaus, auf der anderen Straßenseite, liegt der eigentliche Gutshof, auf dem bis etwa 1960 auch das neue Gutshaus, ein klassizistisches Bauwerk, gestanden hat, welches damals abgerissen wurde.

Sehenswertes in der Umgebung: Schlösser, Gutshäuser und Parks in Berendshagen, Danneborth, Hohen Niendorf, Gerdshagen, Gnemern, Klein Nienhagen mit den sehenswerten Wirtschaftsgebäuden, Lehnenhof, Moisall, Rosenhagen, Westenbrügge und in Wichmannsdorf.

Kastorf (Krs. Güstrow, F6) siehe **Burg Schlitz**

Katelbogen (Krs. Güstrow, B5)

Wegen seiner beiden Türme, dem Zinnenkranz am großen Turm und der sieben Treppengiebel sowie der vom Dorf isolierten Lage in einem etwa drei Hektar großen Park, ist Schloss Katelbogen ein besonderes Gutshaus. Es wurde am Ende des 19. Jahrhunderts für Fritz von Voss gebaut. Am Schloss findet sich die Jahreszahl 1898. Weil das Gutsarchiv mit den Bauakten verloren ging, ist der Name des Architekten nicht überliefert (Entwürfe für ähnliche Schlösser haben E. Knoblauch für Schlemmin und F. Hitzig für Bredenfelde und Kartlow geliefert). Das Haus ist im Kern ein rechteckiger zweigeschossiger Bau. Es erscheint jedoch durch mehrere architektonische Elemente wie sieben mit Treppengiebeln gestaltete Fassadenflächen, die zum Teil als Risalite aus der Flucht des Hauses herausragen, zwei Türme an der Dorfseite, die das Hauptportal einrahmen, einen Wintergartenanbau mit großen Glasfenstern, die Terrasse mit Altan und großer Freitreppe zum Park hinab als unsymmetrischer, burgenhafter Bau.

Auffallend am ansonsten verputzten Bauwerk sind gleichermaßen der nackte Feldsteinsockel des Kellergeschosses und des großen Turms, Erker am großen Turm und an einer Hausecke sowie das sehr große Saalfenster auf der Dorfseite des Schlosses. Interessant ist auch die Dachgestaltung, weil ein großes Walmdach und ein Satteldach über der nordöstlichen Parkseite des Schlosses ineinander übergehen. Im Innern des Hauses sind Teile der originalen Innenarchitektur erhalten. Dazu gehören in der gewölbten Eingangshalle ein säulengerahmter Kamin und die hölzerne Balkendecke im Saal. Im so genannten »Schwalbenzimmer« fasziniert ein rundes, farbiges Deckengemälde, das einen Blick an einem hölzernen Gartenzaun mit Sonnenblumen vorbei zu einem Schwalbenschwarm am hellblauen Himmel zeigt, als läge der Betrachter des Bildes im Gras eines Gartens.

Zwischen 1956 und 1991 wurde im Schloss eine landwirtschaftliche Berufsschule mit Internat betrieben. In den folgenden Jahren wurde das Schloss zweimal privatisiert. Nun sollen hier große Wohnungen und Ferienquartiere entstehen.

Im Park, der mehrere Teiche hat und als Landschaftspark angelegt wurde, dominieren einheimische Baumarten wie Stieleichen, Eschen, Birken. Vertreten sind auch Roteichen, Blutbuche, Stechfichten und Douglasien *(Pseudotsuga menziesii)*.

Sehenswertes in der Umgebung: Schlösser, Gutshäuser und Parks in Behrendshagen, Bützow, Gnemern, Güstrow, Hasenwinkel, Hohen Luckow, Klein Belitz, Kurzen Trechow, Moisall und die Gutsanlage Ravensruh bei Neukloster.

 Seite 95: Schloss Katelbogen, von der Parkseite

Klein Plasten (Krs. Müritz, G7)

Das Gutshaus Klein Plasten liegt südöstlich des Groß Plastener Sees. Ursprünglich soll man wohl über den See von Klein Plasten nach Groß Plasten geschaut haben können.

Schon im 18. Jahrhundert wurde für die Familie von Voss in Klein Plasten ein Fachwerkgutshaus errichtet. Der Besitz kam 1789 in die Hände der Familie von Blücher, wurde aber zwischen 1852 und 1898 weitere dreimal veräußert.

Ernst von Blücher erwarb es schließlich 1898 und veranlasste 1899 einen Umbau des Hauses, bei dem auch ein schlanker, hoher oktogonaler Turm an einer Giebelseite des Gutshauses und ein kurzer dicker Turm an der gegenüberliegenden Hausecke entstanden. Außerdem ist dem ebenerdigen Gutshaus ein zweigeschossiger, dreiachsiger Mittelrisalit mit einfachem Giebeldreieck vorgebaut worden. Dadurch wurde der Hauseingang durch eine aus drei Rundbögen gebildete offene Laube verdeckt, über der im zweiten Geschoss drei rundbogige Fenster stehen.

Das schlichte Giebeldreieck ist nur durch ein Wappenfeld und drei Fialen verziert. Das abgewalmte Mansardendach lässt den ursprünglichen Barockbau, heute mit dreizehn Achsen, noch sehr gut erkennen.

Der Landschaftspark von etwa zwei Hektar Fläche erstreckt sich nach Norden hin zum See und ist durch einen Gehölzbestand aus Eichen, Eschen und Rosskastanien bestimmt, in dem neben Wiesenflächen auch Hänge- und Blutbuchen, Wacholder und Eiben zu finden sind.
Nach dem Krieg gab es im Gutshaus die landestypische Nutzung als Wohnraum für Flüchtlinge und Umsiedler. Ab 1974 diente es der Elbewerft Boitzenburg als Ferienheim. Seit Oktober 1994 nutzt es der Norddeutsche Genossenschaftsverband, dem etwa 800 Volks- und Raiffeisenbanken, Einkaufs- und Liefergenossenschaften, Molkereien, Agrarbetriebe angehören, als Weiterbildungsakademie.

Sehenswertes in der Umgebung: Schlösser, Gutshäuser und Parks in Ankershagen, Deven, Federow, Groß Gievitz, Groß Plasten, Groß Vielen, Kargow, Marihn, Rumpshagen, Speck, Torgelow, Varchentin, Wendorf, Zahren.

Klink (Krs. Müritz, F8)

Schloss Klink liegt an der Müritz, dem mit einhundertdreizehn Quadratkilometern größten Binnensee Mecklenburgs. Es ist im Neorenaissancestil für Arthur von Schnitzler (Berlin) in den Jahren 1897/98 erbaut worden. Von Schnitzler hatte die Borsigtochter Hedwig geheiratet, die das Rittergut Klink mit in die Ehe eingebracht haben soll. Baupläne für Schloss Klink lieferten die beiden Berliner Architekten Hans Grisebach (1848-1904) und August Dinklage (1849-1920). Mehrere Wandgemälde hatte Max Liebermann (1847-1935) für das »Zimmer der Dame« gemalt, die aber heute nicht mehr vorhanden sind.

Die Zusammenarbeit der Architekten mit Max Liebermann ergab sich wohl daraus, dass Hans Grisebach, ein Meister der Berliner Secession, schon 1892 für Max Liebermann Wohnräume in dessen Berliner Wohnhaus am Pariser Platz, neben dem Brandenburger Tor, umgestaltet hatte und man sich kannte.

Das Schloss wurde über einem Kellergeschoss aus Granitfeldsteinen als verputzter Ziegelbau errichtet, wobei Risalite, Giebel, Tür- und Fensterumrahmungen aus feinkörnigem rotem Mainsandstein und Verzierungen und Bildtafeln aus rotbrauner Terrakotta gearbeitet wurden. Die Dächer wurden mit Schiefer gedeckt, einem Material, das bei mecklenburgischen Schlössern sehr selten Verwendung fand.

Beim Innenausbau des Schlosses setzte man seinerzeit moderne Bauelemente ein, so beispielsweise eiserne Doppel-T-Träger und Stampfbeton bei den Decken. Obwohl das Schloss eine Zentralheizung hatte wurden in der so genannten Wohnstube, in der Halle und im Speisezimmer auch Kamine eingebaut. Die Maße einzelner Räume im Schloss waren von beachtlicher Größe. So betrug die Fläche der im Keller befindlichen Küche einhundertzwanzig Quadratmeter. Das darüberliegende Speisezimmer und auch das herrschaftliche Schlafzimmer im Obergeschoss betrugen je siebzig Quadratmeter. Die Baukosten für das Schloss beliefen sich damals auf 378 000 Mark. Weil ursprünglich im Schloss kein Saal vorhanden war, wurde 1913 nach Plänen von Ernst Paulus und Olaf Lilloe, die aus der Firma Grisebach und Dinklage in Berlin hervorgegangen waren, im gleichen Stil ein großer Saalbau

Schloss Klink, Seeseite

und die vorgelagerten Terrassenanlagen hinzugefügt, wobei die Baukosten damals dafür 240 000 Mark betrugen.

Im Stil des Schlosses wurde zur gleichen Zeit auch das weiter östlich am Gutshof liegende, früher Wirtschaftsgebäude genannte, Inspektorenhaus gebaut (heute das »Hotel Altes Gutshaus«). Außerdem entstand an der Zufahrtsallee zum Schloss, direkt an der durchs Dorf führenden heutigen Bundesstraße, das mit einem runden kurzen Turm versehene Gärtner- und Pförtnerhaus.

Beide Bauwerke haben ein aus Feldsteinen und unverputzten roten Backsteinen errichtetes Keller- und Erdgeschoss, während das zweite Geschoss in Fachwerkbauweise aufgeführt wurde. Die damaligen Baukosten sind mit 78 000 Mark für das Inspektorenhaus und 20 000 Mark für das Pförtner- und Gärtnerhaus überliefert. Die Maurerarbeiten übernahm damals Hofmaurermeister Ebeling aus Neustrelitz. Die meisten anderen Gewerke führten jedoch Berliner Firmen aus. Das nach dem Krieg stark abgenutzte Schloss wurde Ende der 1960er Jahre durch den VEB Wasserwirtschaft Neubrandenburg für etwa acht Millionen Mark restauriert und zu einem modernen Schulungs- und Betriebsferienheim ausgebaut. Nach 1989 stand das Schloss trotz Privatisierung viele Jahre leer und wird nun nach einem zweiten Verkauf als Hotel genutzt.

Südlich und östlich des Schlosses erstrecken sich weite Rasenflächen, die schon zur unmittelbaren Uferzone der Müritz gehören. Auf der östlichen Wiese wachsen mehrere Sumpfzypressen *(Taxodium distichum)*, amerikanische Nadelbäume, die im Herbst ihre flachen, weichen, verbräunten Nadeln abwerfen.

Sehenswertes in der Umgebung: Schlösser, Gutshäuser und Parks in Alt Schwerin, Dambeck, Federow, Fincken, Göhren-Lebbin mit einem Schloss, das von den Gebrüdern Ernst und Günter Paulus entworfen wurde, Groß Kelle, eine sehr alte Eibe im Pfarrgarten von Jabel, Ludorf, Karow, Leizen, Sparow, Speck, Walow.

Kotelow (Krs. Mecklenburg-Strelitz, K6)

Kotelow liegt am westlichen Rand der Großen Friedländer Wiese, einem der großen zusammenhängenden Niedermoorgebiete Deutschlands. Das Dorf liegt nahe dem Galenbecker See und den wasserliefernden Brohmer Bergen.

Einmalig in Mecklenburg ist, dass an der westlichen Seite des etwa siebenhundertfünfzig Meter langen Angers, auf dem die Kirche steht, an der Stelle, wo der Verbindungsweg zwischen Sandhagen im Norden, Galenbeck sowie Wittenborn im Süden am Dorf vorbei führte, ein Torhaus erhalten ist. Torhäuser kennt man sonst nur als Zugangsbauten zu Burgen und Gutshöfen. Es ist ein mit Schilf gedecktes Fachwerkhaus, das wohl aus dem 18. Jahrhundert stammt. Es hatte ehemals zwei Schornsteine, die darauf hinwiesen, dass dieses Haus links und rechts neben der Durchfahrt bewohnt war. Heute führt die Dorfstraße im Norden am Torhaus vorbei.

Im Gegensatz zu vielen anderen Dörfern der Region haben sich bis ins 20. Jahrundert in Kotelow besetzte Bauernstellen neben einem herrschaftlichen Gutshof gehalten. Daher ist der aus der Barockzeit stammende kleine Gutshof mit Gutshaus wohl auch nicht modernisiert und umgebaut worden, was im 19. Jahrhundert weit verbreitet war.

Das Gutshaus, das immer noch leer steht, ist 1773 für Arent Heinrich von Oertzen gebaut worden. Es ist ein eingeschossiger, massiver Putzbau über einem tonnengewölbten Kellergeschoss von dreizehn Achsen Breite und fünf Achsen Tiefe. Die Dorfseite und die beiden Giebelseiten sind durch Pilaster mit Putznutung senkrecht gegliedert. Die südliche Parkseite zeigt hingegen nur glatte Wandsäulen. Die ehemalige Gartenterrasse (Feldstein) vor der Mitte des Hauses ist in jüngerer Vergangenheit zu einer festen Veranda umgebaut worden.

Merkwürdigerweise liegt der Saal des Hauses unter dem Mansardendach und ist von außen nur durch die drei Fenster des Zwerchhauses der Parkseite zu erkennen. In der Dorffassade des Hauses ist die Mitte lediglich durch eine zweigeschossige Achse, in der die Tür liegt, hervorgehoben. Von Norden, vom Dorfanger kommend, führt eine spitzovale, leicht ansteigende Zufahrt vor diesen Eingang und umrundet dabei einen Rasenplatz mit neun Stieleichen.

Südlich vom Gutshaus liegt ein kleiner Teich und der etwa drei Hektar große Park, der an Felder grenzt. Angepflanzt sind hier Linden, Eichen, Buchen, Rosskastanien sowie sehenswerte Flatterulmen *(Ulmus laevis)*, wobei auch eine lückige Allee aus Rosskastanien und Winterlinden vom Gutshaus weg nach Westen zur alten Landstraße nach Galenbeck führt.

Sehenswertes in der Umgebung: Burgen, Schlösser, Gutshäuser und Parks in Cosa, Galenbeck, Kleppelshagen, Klockow, Lübbersdorf, Neuensund, Putzar, Rattey, Schönhausen, Zinzow.

Lehnenhof (Krs. Bad Doberan, B3)

Das Gutshaus in Lehnenhof wurde zwischen 1912 und 1913 für einen Herrn Weihe nach Plänen von Paul Korff errichtet. Die Zufahrtsseite liegt nach Norden.

Der aus drei Türen gebildete Haupteingang liegt unter einem von vier kurzen ionischen Säulen getragenen Altan. Die Mitte des zweigeschossigen Gutshauses wird von einem Segmentbogengiebel mit drei rundbogigen Fenstern, ähnlich denen des Mansardengeschosses, und einem Wappenfeld gebildet. Die Dreizähligkeit des Hauseinganges wiederholt sich bei zwei großen Fenstern des Hauptgeschosses sowohl auf der Dorf- als auch auf der Parkseite. Die südliche Parkseite wird so wie die Dorfseite von einem dreiachsigen Segmentbogengiebel bestimmt, der jedoch mit einem liegenden Ochsenauge versehen ist und aus dem Dach in Höhe der Mansardenfenster herauszuwachsen scheint. Darunter ist vor dem Keller und dem ersten Geschoss ein massiver Anbau als halbes Sechseck mit Altan errichtet worden.

Die Parkfassade ist bezogen auf den Segmentbogengiebel unsymmetrisch gebaut. Auf der westlichen Dachseite finden sich vier Mansardenfenster mit weiten Achsabständen. Auf der östlichen

Dachseite hingegen befinden sich drei enggestellte Mansardenfenster. Ob dies mit den risalitartigen Anbauten mit Terrasse und Kellerzugang an der westlichen Giebelseite zu tun hat, die eventuell später angefügt wurden, muss Vermutung bleiben. Im Innern des Hauses erinnern zwei Kamine, hölzerne Wandpaneele, geschnitzte Türrahmen und auch Stuckdecken an ehemals herrschaftliche Zeiten. Bis zum 28. November 1991 beherbergte das Haus ein Pflegeheim.

Der dazugehörige Park erstreckt sich auf etwas erhöhtem Niveau mehr westlich vom Gutshaus und weist Rotbuchen, Rosskastanien, Birken und Sommerlinden, eine Blutbuche, Bergahorn und Stieleichen auf.

Sehenswertes in der Umgebung: Schlösser, Gutshäuser und Parks in Bad Doberan, Danneborth, Gersdorf, Hohen Luckow, Hohen Niendorf, Karin, Klein Nienhagen, Rakow, Roggow, Rosenhagen, Wichmannsdorf, Westenbrügge.

Leizen (Krs. Müritz, E/F9)

Leizen liegt unmittelbar an der Abfahrt Röbel der BAB 19. Am südöstlichen Dorfrand, auch über eine alte Allee aus Richtung Dambeck zu erreichen, steht ein fast quadratisches, villenähnliches Gutshaus von fünf mal fünf Achsen. Es wurde zweigeschossig, mit ausgebautem flachen Mansardendach, um 1898 für eine Familie von Gundlach errichtet, die von 1753 bis 1945 in Leizen ansässig war.

Aus dieser Familie stammt auch der Maler Hans-Jürgen (Hannes) von Gundlach (*1938 in Leizen), der heute in Baden-Württemberg lebt.

Eine aus Feldsteinen errichtete breite Zufahrt führt zum höher gelegenen, ins Haus eingezogenen und mit einem Korbbogen überwölbten Eingang hin. Alle Fenster sind putzgerahmt, aber nur die Fenster des Hauptgeschosses haben zusätzlich gerade Überdachungen.

Im Frühjahr 1996 wurde im Gutshaus mit Umbau- und Renovierungsarbeiten zur Einrichtung eines Hotels begonnen, das bereits im Dezember des gleichen Jahres eröffnet wurde.

Den Baumbestand im ländlichen Park neben dem Gutshaus bestimmen überwiegend einheimische Baumarten, wovon einige Exemplare wohl 200 Jahre alt sein können.

Sehenswertes in der Umgebung: Burgen, Schlösser, Gutshäuser und Parks in Alt Schwerin, Dambeck, Fincken, Göhren-Lebbin, Groß Kelle, Kambs, Klink, Ludorf, Retzow, Sparow, Stuer-Vorwerk, Walow, Wredenhagen.

Gutshaus Leizen

Leppin (Krs. Mecklenburg-Strelitz, J8)

Leppin liegt zehn Kilometer östlich von Burg Stargard. Das Gutshaus steht unmittelbar neben den großen Wirtschaftsgebäuden, etwas von der Dorfstraße nach Süden zurückgesetzt. Man kann es auf Grund seiner Größe sicherlich als Schloss bezeichnen.

Wie viele Schlösser und Gutshäuser erfuhr es im Laufe seiner Geschichte erhebliche bauliche Veränderungen. Das Leppiner Haus wurde im Kern schon im 18. Jahrhundert gebaut, als das Gut in den Besitz der Familie von Oertzen gekommen war.

Für Jasper von Oertzen ist das Schloss in der Mitte des 19. Jahrhunderts nach Plänen des Architekten Friedrich Wilhelm Buttel (1796-1869) im neogotischen Stil umgebaut worden. Das Schloss zeigt sich in strenger, gerader Linienführung, die nur durch zahlreiche gotisierende Türmchen an den Treppengiebeln und Risalit durchbrochen wird. Früher hatten auch die großen Schornsteine Zinnen, und das Dach war mit zwei Reihen kleiner Gauben versehen.

Ein interessantes Detail dieses Bauwerks ist ferner, dass die eingeschossigen Seitenflügel im stumpfen Winkel an das Haupthaus angesetzt sind. Bei genauerer Betrachtung ist zu sehen, dass der Knick aber schon im Haupthaus eingebaut ist. Besonders deutlich wird dies auf der Parkseite des Schlosses. Zeigt sich die Hofseite des zweigeschossigen Haupthauses mit elf Achsen, so können in der Parkfassade des Mittelbaus zwölf Achsen gezählt werden, weil der Mittelrisalit hier mit vier Fenstern ausgestattet ist. Dazu kommen dann noch einmal an jeder Giebelseite zwei Fenster hinzu, weil durch den Knick im Haus in der Parkfassade nun deutlich mehr Wandfläche zur Verfügung stand. Auf diese Weise verfügt das Haupthaus parkseitig über sechzehn Achsen.

Das Schloss erscheint auf der Parkseite durch ein hohes Kellergeschoss dreigeschossig. Die Mitte des Schlosses ist auf beiden Seiten durch einen Risalit mit Giebeldreieck betont, vor dem sich parkseitig ein großer Altan mit neuem eisernen Baldachin befindet, von dem eine zweiarmige Treppe zum Park hinabführt.

1993 wurde das ehemalige Volkseigene Gut (VEG) Leppin nebst Schloss verkauft. Die neuen Eigentümer sanierten das Schloss von 1994 bis zum Frühjahr 1996.

Gutshaus Leppin

Südlich vom Schloss erstreckt sich der Park, den eine große Rasenfläche bestimmt, die bis 1995/96 als Fußballplatz genutzt wurde. Damals wurde mit der Erneuerung des Parks begonnen, was u. a. den Abriss eines nach 1945 erbauten massiven Kulturhauses und einer Baracke einschloss. Auch wurde eine die historische Blickachse störende, große Hecke am Schloss beseitigt und dort eine etwa sechstausend m² große Rasenfläche angesät. Eine alte Hainbuchenreihe bildet die nordwestliche Grenze des Parks zur Feldflur. In der südlichen Verlängerung der Mittelachse des Schlosses liegt ein mit fünf Rosskastanien bestandener Hügel. Gleich daneben befindet sich der Parkteich, der durch Regenwasser vom großen Schlossdach gespeist wird. Dort am Parkrand steht eine stattliche Platane. Die westliche Parkgrenze bildet eine alte Lindenreihe. Nachdem der Gehölzbestand ausgelichtet wurde, brachten im Frühjahr 1997 zahlreiche Neuanpflanzungen dendrologische Vielfalt in den Park. Dazu gehören eine Flieder-

und Rhododendrongruppe ebenso wie ein Koniferenquartier mit Mammutbaum, verschiedene Scheinzypressen, Sicheltanne und Kopfeibe *(Cephalotaxus harringtonia)*. Die große rechteckige Rasenfläche wurde durch ein Rondell aus sechs Rotahornbäumen *(Acer rubrum)*, zwei Urweltmammutbäumen *(Chinesisches Rotholz, Metasequoia glyptostroboides)*, drei Kuchenbäume *(Cercidiphyllum japonicum)* und Götterbaum *(Ailanthus altissima)* aufgelockert. Am Teich stehen nun auch Flügelnüsse, Trauerweiden und eine Sumpfzypresse.

Vor dem Haupthaus des Schlosses liegt dorfseitig eine große Rasenfläche, an der alte Sommer- und Winterlinden, auch eine Gelbblühende Rosskastanie und eine Silberlinde *(Tilia tomentosa)* wachsen. Zeitgleich mit der Schlossparkrekonstruktion wurde südlich der Kirche, auf einer etwa vier Hektar großen Wiese, ein neuer Dorfpark angelegt.

Sehenswertes in der Umgebung: Burgen, Schlösser, Gutshäuser und Parks in Burg Stargard, Cammin, Cölpin, Dewitz, Krumbeck, Quadenschönfeld, Sponholz.

Ludorf (Krs. Müritz, F9)

Neben einer achteckigen gotischen Kirche mit einer wohl älteren östlichen Rundapsis steht in Ludorf ein barockes, aus unverputzten Backsteinen (Blockverband) erbautes Gutshaus. Über der Tür verwirren zwei Inschriften den Besucher. Ein mit 1576 datierter Schriftbalken verweist auf die drei Brüder Moritz, Jakob (Jakop) und Joachim (Jochim) von Knuth. Über dem Türsturz befindet sich zudem in einer Sandsteinkartusche ein zweites Schriftfeld, darüber das Wappen der Familie von Knuth. Dem barocken Schriftfeld ist zu entnehmen, dass Adam Levin von Knuth 1698 den uralten adeligen Hof Ludorf verlegt und dieses Haus neu gebaut hat. Beides passt doch gut zusammen. Nur 600 Meter nordöstlich der Kirche, am Übergang von Feuchtwiesen zu erhöht liegendem Ackerland auf mineralischem Grund, am so genannten Schlossberg, ist heute noch eine rechteckige Burgstelle von etwa 40 x 50 Meter Ausdehnung unschwer zu erkennen. Die Burg wurde einst von einem Ritter Wipert von Morin begründet und trug lange Zeit auch seinen Namen.

Außerdem gab es das Dorf Ludorf mit der alten Kirche. 1686 kam die Familie von Knuth in den Besitz beider Siedlungen und fasste es als Lehngut Ludorf zusammen. Das bald darauf gebaute Gutshaus ist ein schlichter rechteckiger, breit gelagerter, zweigeschossiger Bau mit Walmdach. Nur die Mitte der Westfront ist durch Türgestaltung und Giebeldreieck hervorgehoben. Während der Umbauarbeiten zu einem Hotel im Jahr 1999 wurden in drei Räumen farbige barocke Malereien auf Holzdecken freigelegt, die bei einem Umbau um 1850 mit alten Zeitungen verklebt und übermalt worden waren (s. Abb. S. 112). 1851 war das Gutshaus durch Heirat in den Besitz von Wilhelm von Schulse gekommen.

Der neue Besitzer hat dann auch den östlich vom Gutshaus gelegenen Landschaftspark angelegt, wobei alter Baumbestand mit Rotbuchen und Eichen das Grundgerüst bildete. So gibt es noch heute Eichen mit Stammdurchmessern von fast zwei Metern. Beachtlich sind auch mehrere sehr starke Feldahornbäume im Park. Die in der Mittelachse des Hauses nach Osten zur Müritz führende lange, nur noch einseitige Kastanienallee, zwei fast rechteckige

Teiche links und rechts von der Allee im Park, sowie die große symmetrische Rasenfläche westlich vor dem Gutshaus weisen auf eine frühere barocke Gesamtanlage hin. Seit Mai 2000 wird das Gutshaus Ludorf als Hotel betrieben.

Sehenswertes in der Umgebung: Burgen, Schlösser, Gutshäuser und Parks in Alt Schwerin, Dambeck, Fincken, Göhren-Lebbin, Karow, Klink, Priborn, Retzow, Stuer-Vorwerk, Walow.

Marienhof (Krs. Güstrow, D6)

Auf dem Weg zum Schloss Bellin, das zehn Kilometer westlich von Charlottenthal liegt, durchquert die Straße auch das Dorf Marienhof. In diesem Ort steht etwas abseits ein schon 1989 von der damaligen LPG Bellin restauriertes, weiß und rotbraun gestrichenes Gutshaus wohl aus der Mitte des 19. Jahrhunderts.

Die genaue Bauzeit, der Bauherr und der Architekt sind unbekannt. Es handelt sich um einen rechteckigen Bau, dem an der nordöstlichen Giebelseite ein vierachsiger Anbau im gleichen Stil angefügt ist. Das neunachsige Gutshaus hat zwei Vollgeschosse über einem Kellergeschoss und unter dem flachen Vollwalmdach noch ein Mezzaningeschoss. Ein kräftiges Gesims trennt die beiden Hauptgeschosse horizontal. Im flachen Giebeldreieck des Hofrisalits und am seitlichen Anbau des Gutshauses findet man sehenswerte Friese unter der Traufe. Die Ecken des Gutshauses und die vier Pilaster der beiden Mittelrisalite sind farbig von den übrigen weißen Putzflächen abgesetzt. Dem parkseitigen Risalit, der eigentlich dreiachsig ist, sind im Erdgeschoss vier rundbogige Fenster und eine ebensolche Tür untergeordnet. Davor liegt eine Terrasse mit Pergola.

Im September 1997 hat das Landwirtschaftliche Produktionsunternehmen (LPU) Bellin die leer stehende Gutsanlage Marienhof gekauft und dem »Lebensbaum« e.V. zur Verfügung gestellt. Durch die LPU Bellin, »Lebensbaum e.V.« und mit Finanzhilfe der »Robert-Bosch-Stiftung« wurde dann ab 1997 das Gutshaus und dessen Umfeld erneut restauriert und für die Nutzung als ganzheitliches Familienzentrum als »Haus Lebensbaum im Gutshaus Marienhof« hergerichtet und betrieben. Dabei wurden auch der angrenzende Park und die ehemalige Hofanlage mit einbezogen, und schon Ende 1999/2000 konnte ein früheres Stallgebäude als »Kreativstall« in Nutzung genommen werden. Waldlehrpfade, ein Ökogarten, der Ponyhof und ein Streichelzoo komplettieren die kinderfreundliche Anlage.

Im Park kann der Besucher nahe des nordöstlichen Anbaus eine Rarität, eine frei stehende, stattliche Japanische Sicheltanne *(Cryptomeria japonica)* bewundern. Im weiter südlich vom Guts-

Gutsanlage Marienhof

haus befindlichen Park sind neben aufgeforsteten Lärchen, Buchen, Linden und Hainbuchen vertreten. Auf einer dreieckigen, in den Park weit hinein reichenden Wiesenfläche steht in der Mittelachse des Gutshauses eine rotblättrige Blutbuche.

Sehenswertes in der Umgebung: Schlösser, Gutshäuser und Parks in Alt Sammit, Alt Schwerin, Charlottenthal, Bellin, Güstrow, Groß Tessin, Hoppenrade, Karow, Kuchelmiß, Sparow, Vietgest.

Matgendorf (Krs. Güstrow, F4)

An der B 108, zwischen Teterow und Laage, liegt Matgendorf. Dort steht ein großes, gut erhaltenes Schloss. Es wurde zwischen 1852 und 1856 nach Plänen des Schweriner Hofbaurats Hermann Willebrand (1816-1899) für den Kammerherrn C.A.P. von der Kettenburg erbaut. Vorher stand an gleicher Stelle wohl ein barockes Schloss, das aber 1851 abgebrannt war.

Die Fassade des Schlosses Matgendorf wurde 1985 und 1994/94 renoviert und zeigt sich dem Besucher in einfachem Weiß. In gelben Farbtönen sind die Verzierungen davon abgesetzt. Hofbaurat Willebrand hatte das Schloss im Stil der Neorenaissance entworfen. Das zweigeschossige Schloss erhebt sich über einem hohen Kellergeschoss. Es verfügt an der östlichen Seite über einen torartigen Rundbogeneingang, sowohl auf der Dorf- wie auch der Parkseite. Diese Eingänge sind durch flankierende Säulenpaare und Volutengiebelaufsätze geschmückt. Das Schloss hat drei Risalite. Auf der Dorfseite ist der Risalit in der Mitte des Schlosses angeordnet, während die Parkfassade zwei Seitenrisalite aufweist. Die aus dem Baukörper des Schlosses heraustretenden Risalite sind durch farbig abgesetzte Lisenen vertikal gegliedert. Die Fenster der Risalite sind im Gegensatz zu den übrigen Fenstern des Schlosses als Rundbögen ausgeführt. Schöne, zum Teil mit Ornamenten verzierte, Giebelaufsätze schließen die Risalite nach oben ab. Der am westlichen Ende gelegene Risalit hat im Erdgeschoss einen halbrunden, loggienartigen Balkon. Dieser war ursprünglich als vollverglaster Wintergarten gebaut worden. Von den glatt geputzten zwei oberen Etagen ist das Kellergeschoss des Schlosses durch Putznutung und einen dunkleren Anstrich deutlich abgesetzt. Der Ostgiebel ist mit zahlreichen schön gestalteten Wandsäulen, unterschiedlichen Fensterformen sowie Voluten und einem Treppengiebel verziert. Unterhalb dieses Giebels wurde schon im19. Jahrhundert ein niedriger Flügel an das Schloss angefügt.

Auch an der westlichen Giebelseite befand sich ursprünglich ein flach gedeckter eingeschossiger Anbau. Von diesem führte an der südlichen Seite eine Treppe zum Park herab. Heute ist ein moderner, zweigeschossiger neuer Trakt, der vor 1989 als Schule diente,

Schloss Matgendorf

direkt am Westgiebel angebaut, denn das Schloss war viele Jahren als Krankenhaus und Schule für körperbehinderte Kinder genutzt worden. Heute beherbergt es eine Einrichtung des Diakonievereins Güstrow e.V., in der psychisch kranke Menschen betreut und gefördert werden.

Unmittelbar südlich vor dem Schloss liegt eine Terrassenfläche, die durch eine steinerne Balustrade vom tiefer liegenden Park abgegrenzt ist. Unterhalb dieser Terrasse findet der Besucher einen in der jüngeren Vergangenheit gebauten, leicht geschwungenen Pavillon, Spielgeräte und Bänke. Ansonsten fällt es heute schwer, den ursprünglich angelegten englischen Landschaftspark zu entdecken. Wie so häufig in Mecklenburg sind Teile des Parks noch immer als Kleingärten genutzt, und nur alte Alleen und stattliche Einzelbäume lassen die alten Gliederungen erkennen. So führt auch in Matgendorf eine Lindenallee vom Schlossstandort zu einem Teich hin. Am Schloss selbst stehen starke Stieleichen, große Taxusbüsche, Blutbuchen und eine Roteiche. Wegen seiner weiß-grünen Fiederblätter fällt am Spielplatz, ein panaschierter Eschenahorn *(Acer negundo ,Variegatum')* auf. Etwas weiter westlich vom Schloss, zwischen Schuppen, Gärten und Holundergebüsch kann man auch Tulpenbaum *(Liriodendron tulipifera)*, Rotblühende Rosskastanie und eine zweistämmige Edelkastanie *(Castanea sativa)* finden. An der Schlosszufahrt vom Dorf lassen zahlreiche jüngere Anpflanzungen von Rhododendron-, Taxus-, Weißzeder- und Wacholderbüschen erkennen, dass man sich um den Bestand der Parkanlage direkt am Schloss gekümmert hat.

Die Katholische Kirche zwischen Schloss und Bundesstraße erinnert an die Aufsiedlung des Gutes durch landlose Bauernsöhne aus dem Rheinland (Raum Düren/Jülich) in den Jahren 1930/31. Zur gleichen Zeit kaufte die Katholische Kirche das Schloss für den Jungmännerverein Düsseldorf.

Sehenswertes in der Umgebung: Schlösser, Gutshäuser und Parks in Alt Vorwerk, Belitz, Boddin, Dalwitz, Diekhof, Gottin, Groß Wüstenfelde, Neu Polchow, Poggelow, Prebberede, Schwiessel, Tellow mit von-Thünen-Museum, Wardow.

Mirow (Krs. Mecklenburg-Strelitz, G9)

Die Gegend um die erst 1919 zur Stadt erhobenen Gemeinde Mirow zog schon vor mehr als siebenhundert Jahren Menschen an. 1227 errichtete der Johanniterorden auf einer Halbinsel im Mirower See eine Komturei mit einer Kirche.

Nach der Reformation ließen die mecklenburgischen Herzöge 1587 diese Insel befestigen und das noch heute vorhandene Renaissancetorhaus (1588) erbauen. Über der Tordurchfahrt dieses durch starke Putzquaderung auffallenden Hauses ist das alte sechsteilige mecklenburgische Wappen angebracht. Zwischen 1707 und 1712 wurde an Stelle des Ordenshauses ein Schloss in Fachwerkbauweise errichtet. Architekt war J. Borchmann. Nach Hustaedt (1925) brannte das Fachwerkhaus 1749 ab und wurde 1751 nach Plänen von Christoph Julius Löwe massiv neu gebaut. Es wurde früher das »Obere Schloss« genannt.

Das Innere des Schlosses ist zwischen 1753 und 1760 im Stil des Rokoko gestaltet worden. Trotz verschiedener Eingriffe, einschließlich der Verwüstungen während des Zweiten Weltkrieges, sind wesentliche Teile dieser Innenausstattung erhalten geblieben, so auch Seidentapeten, Schnitzereien und die zum Teil vergoldeten Stuckdecken. Aber schon im Jahr 1761 zog für immer Stille in dieses Schloss ein. Der herzogliche Hof hatte endgültig seinen Sitz nach Neustrelitz verlegt. Nur wenn Mitglieder der herzoglichen Familie verstorben waren, wurde das Schloss für die kurze Zeit der Beisetzungsfeierlichkeiten bewohnt, denn die Strelitzer Herzöge hatten ihre Familiengruft in der Johanniter-Kirche zu Mirow.

1949 beschloss die Mecklenburgische Landesregierung, nach umfassender Rekonstruktion und unter Berücksichtigung der denkmalpflegerischen Erfordernisse im Schloss das erste Landesaltersheim einzurichten, das bis 1979 bestand. Ab 1984 wurde es dann restauriert und sollte bald Standesamt, Bibliothek, Konzersaal und Museum Platz bieten. Auch nach weiterer baulicher Instandsetzung, u. a. musste die Pfahlgründung ersetzt werden, herrscht bis heute keine Klarheit über die Nutzung der Räumlichkeiten im landeseigenen Schloss.

Das Mirower »Obere« Schloss ist ein zweigeschossiger, verputzter Backsteinbau mit einem Grundriss, der dem Buchstaben H gleicht. Die Risalite sind dreigeschossig. Mit Giebeldreiecken und Ochsenaugen wurden die beiden Mittelrisalite ausgestattet. Die beiden Türen sind aus Eichenholz gefertigt und mit geschnitztem Rankenwerk belegt. Gegenüber dem Schloss steht ein zweigeschossiges Barockgebäude mit einem schönen Mansardendach. Auch hier hat der Mittelrisalit ein Giebeldreieck mit Ochsenauge. Dieses Gebäude ist das Küchen- und Kavaliershaus des Schlosses. Es wurde zwischen 1756 und 1758 erbaut. Neben Unterkünften für Gäste und Bedienstete lag in der Mitte des Hauses die durch beide Geschosse reichende Schlossküche. Auch das Küchenhaus ist umfassend restauriert worden und harrt einer Nutzung.

Der das Schloss umgebende Park mit Linden, Eichen und Rosskastanien ist von der Mirower Seenlandschaft geprägt. Eine Bogenbrücke mit Vasen aus Muschelkalk führt zur kleinen »Liebesinsel« mit dem Grabmal für Adolf Friedrich VI., dem letzten regierenden Großherzog von Mecklenburg-Strelitz (s. Abb. S. 118). Der 1882 geborene Großherzog hatte sich am 23. Februar 1918 am Kammerkanal bei Neustrelitz das Leben genommen, ohne das die Gründe bis heute nachweislich bekannt geworden sind. Außerhalb der mit einem Wall und Graben umgebenen Schlossinsel gibt es das so genannte »Untere Schloss«, das 1737 aus An-

Schloss Mirow

lass der Hochzeit (1735) von Prinz Carl mit Elisabeth Albertine von Sachsen-Hildburghausen als eingeschossiges Fachwerkgebäude erbaut wurde. Zu einem massiven, zweigeschossigen Putzbau mit Kolossalpilastern und Mansardendach baute man es erst 1765/66 um. Nach einem Brand im Jahr 1841 wurde der Mittelteil des Hauses erneut umgestaltet. Auch das Dach ist dabei zum Vollwalm verändert worden. Von 1820 bis 1924/25 hatte im »Unteren Schloss« das Landeslehrer-Seminar von Mecklenburg-Strelitz seinen Sitz. Danach zog eine Sportschule ein. Heute ist in diesem Gebäude ein Gymnasium untergebracht.

Sehenswertes in der Umgebung: Burgen, Schlösser, Gutshäuser und Parks in Boek, Drosedow, Federow, Kargow, Ludorf, Priborn, Retzow, Speck, Wesenberg, Wredenhagen, sowie im Wald zwischen Granzow und Qualzow der 1888 angelegte dendrologisch artenreiche Forstgarten »Erbsland«.

Moisall (Krs. Güstrow, B4)

Im nordwestlichen Zipfel des Kreises gelegen, ist das Gutshaus in Moisall kaum bekannt. Es wurde nach Plänen von Paul Korff 1912 für den Gutsbesitzer Klotz gebaut. Das Haus ist ein klassizistisch anmutender Rechteckputzbau von neun Achsen, zweigeschossig über einem Kellergeschoss aufragend. Die kleinteiligen Sprossenfenster des ersten Hauptgeschosses sind mit dreieckigen Fensterüberdachungen versehen. Bei den deutlich kleineren Fenstern der zweite Etage fehlt dieser Schmuck. Das herrschaftliche Wohngeschoss wird zum Keller- und zweiten Obergeschoss durch Gesimse horizontal abgegrenzt. Zudem ist die Hausfassade nur zwischen den Fenstern des Hauptgeschosses durch breite Pilaster auch vertikal gegliedert. Über dem Haus erhebt sich ein mit jeweils vier Gauben auf jeder Langseite versehenes Walmdach. Die Hoffront ist durch einen dreiachsigen Mittelrisalit, eine vorgelagerter Freitreppe und einen Säulenaltan mit steinerner Balustrade hervorgehoben. Der Hauseingang ist eine doppelflüglige, oben rundbogige Tür. Wegen des weit überkragenden Daches scheint das dritte Geschoss sowie das Giebeldreieck des Risalit aus dem Dach hervorzuwachsen. Der Mittelrisalit der Parkseite ist nur zweiachsig angelegt. Sein Giebeldreieck ziert kein Wappenfeld, wie auf der Dorfseite, sondern ein stehendes

Ochsenauge. Das Gutshaus stand seit 1992 leer und wurde nach 1994 privatisiert. Der dazugehörige Park ist klein, jedoch sind vier – lange nicht geschnittene – Taxusbüsche aus der Erntstehungszeit hervorzuheben, die symmetrisch vor die Parkseite des Gutshauses gepflanzt wurden.

Sehenswertes in der Umgebung: Schlösser, Gutshäuser und Parks in Berendshagen, Bützow, Gnemern, Güstrow, Hasenwinkel, Hermannshagen, Hohen Luckow, Katelbogen, Klein Belitz, Kurzen Trechow.

Neustrelitz (Krs. Mecklenburg-Strelitz, H9)

Nach der mecklenburgischen Erbteilung von 1701 nahm Herzog Adolf Friedrich II. seinen Wohnsitz in der mehrfach umgebauten Burg Strelitz. Sie stand im heutigen Strelitz Alt, etwa an der Stelle, wo sich die alte Haftanstalt befindet.

Die Burg und Residenz brannte aber im Oktober 1712 ab. Da die Bürger von Strelitz eine Unterstützung zum Aufbau der Residenz an gleicher Stelle verweigerten, musste die herzogliche Familie in den folgenden Jahren in den Jagdhäusern Canow, Priepert und Glienke wohnen. Dabei wurde das in den Jahren 1709–1711 erbaute Jagdhaus Glienke bevorzugt. Der Ort war eine ehemalige Meierei am Ufer des Zierker Sees.

Ab 1708 regierte Adolf Friedrich III. Dieser gab dem bei Hofe beschäftigten Kunstgärtner Christoph Julius Löwe bald den Auftrag, ein neues Schloss zu errichten. An Stelle des Jagdhauses Glienke entstand so zwischen 1727 und 1731, nahe dem südöstlichen Ufer des Zierker Sees, ein zweigeschossiges Fachwerkschloss mit einem Dachreiter über der Mitte.

Den barocken Bauprinzipien folgend war das neue Schloss als Dreiflügelanlage angelegt worden. Nach Südosten, zum bereits 1721 angelegten Tiergarten hin, öffnete sich der Ehrenhof. Die nördliche Fassade war zum See gerichtet. Ab 1732 legte Chr. J. Löwe zwischen Schloss und See einen symmetrischen Barockpark an. Südlich vor dem neuen Schloss wurden zwischen 1720 und 1731 auch zwei Pavillons für Besucher und den Hofstaat errichtet. Diese Gebäude flankierten die Zufahrt zum Schloss in Richtung Tiergarten. Beide wurden ebenfalls nach Plänen von Chr. J. Löwe gebaut, jedoch in den Jahren 1823 bis 1834 von dem Hofbaumeister Friedrich Wilhelm Buttel (1796-1869) verändert.

Er gestaltete sie klassizistisch, u. a. auch mit einem Säulenportikus, um. Erst am 20. Mai 1733 ordnete Adolf Friedrich III. die Gründung einer Stadt neben dem Schloss an. Auf drei Hügeln entstand in den folgenden Jahren die barocke Residenzstadt Neustrelitz, die 1759 schließlich Stadtrecht erhielt. 1752 starb Adolf Friedrich III. Schon 1755 ließ sein Nachfolger, Adolf Friedrich IV., die Umfassungsmauern des Schlosses massiv aufführen, die Innenräume umbauen und neu ausgestalten. Der

Orangerie im Schlosspark Neustrelitz

Engländer Thomas Nugent, der 1786 Neustrelitz besuchte, beschrieb damals die im Rokokostil errichteten prächtigen Räume des Schlosses. Die Zeit des Klassizismus hielt 1815-1817 Einzug im Schloss. Durch Christian Philipp Wolff (1772-1820) wurden bauliche Veränderungen vorgenommen. Aber schon 1865 erfolgten weitere Umbauten, diesmal nach Plänen von Friedrich August Stüler und Friedrich Wilhelm Buttel, die beide aus der Berliner Schinkel-Schule kamen. F.W. Buttel hatte schon 1855-1859 die Neustrelitzer neogotische Schlosskirche gebaut, die auch heute, nahe am Schlossstandort gelegen, einen Besuch lohnt.

Tiefgreifende Veränderungen erfuhr das Schloss schließlich auch beim Umbau in den Jahren 1905 bis 1909 nach Entwürfen von Geyer (Berlin). Dabei erhielt das Schlossdach eine Attika, die Fassaden wurden verändert und an der südwestlichen Seite wurde ein dreiflügliger Neubau angefügt, der an der Parkseite mit einem hohen, aufwendig gestalteten Turm versehen war. Nachdem sich Großherzog Adolf Friedrich VI. im Februar 1918 das Leben genommen hatte, nach der Revolution im November gleichen Jahres und der Abdankung des Schweriner Großherzogs, wurde das große Neustrelitzer Schloss 1920 Landeseigentum. Bis 1945 waren daher Landesarchiv, -bibliothek und -museum hier untergebracht.

Der schöne Schlosskomplex wurde am Ende des Zweiten Weltkriegs, noch am 24. März 1945 durch Sprengbomben beschädigt und brannte am 30. Apri1 1945 vollständig aus. Dabei ging auch der östliche Pavillon verloren. Zwischen 1947 und 1950 sind die Trümmer beseitigt und auf dem Schlossplatz zahlreiche Baracken, z.T. als Krankenhaus genutzt, errichtet worden.

Im weitläufigen Schlosspark ist ein Gebäude erhalten, das schon 1755 nach Entwürfen von A. Seydel als Orangerie erbaut wurde. F. W. Buttel hat das zur Stadt hin gelegene eingeschossige Bauwerk, vor allem innen, zwischen 1840 und 1842 nach Anregungen von K. F. Schinkel und Chr. D. Rauch im klassizistischen Stil umgebaut.Nach Buttels Umbau war die Orangerie als Skulpturensammlung genutzt worden. Die drei Räume sind originalgetreu restauriert worden. Im rechteckigen Roten und Gelben Saal, die als Gaststätte bzw. Konzertsaal genutzt werden können, sind Abgüsse von antiken Figuren und Reliefs neben schöner farbiger Wand- und Deckenmalerei in pompejanischer Art zu sehen. Der runde mittlere Blaue Saal komplettiert die mecklenburgischen Landesfarben der Grundausmalung.

Schon im 18. Jahrhundert war der Park für die Bürger der Stadt Neustrelitz offen. Er wurde ab 1790, besonders aber in der Mitte des 19. Jahrhunderts, vom Barockpark in einen Landschaftspark umgestaltet. Nur die mittlere Parkachse und die Sandsteinfiguren der »Göttergalerie« nördlich der Orangerie stammen noch aus dem Barockgarten. Die zahlreichen Marmor- und Zinkgussvasen sowie Skulpturen wurden erst im 19. Jahrhundert im Park aufgestellt. Der am unteren Ende der Mittelachse gelegene Hebetempel ist um 1840 nach Plänen von F. W. Buttel gebaut worden (s. Abb. S. 125).

An der Parkumgestaltung war auch Peter Joseph Lenné beteiligt. Einige zwischen 1852 und 1860 von ihm geschriebenen Briefe belegen, dass er seinerzeit Anmerkungen zur Parkgestaltung gemacht hatte, die sich u. a. auf die Errichtung von Parkmauern und die Gestaltung des beim Schloss gelegenen »Weinberges« bezogen. Eine Gedenktafel im westlichen Parkteil von 1989 erinnert an den genialen Lenné. Am Rande weiter Rasenflächen steht auf einem Hügel der »Luisentempel« zum Gedächtnis an die 1810 in Hohenzieritz verstorbene preußische Königin Luise, die eine Tochter des mecklenburgischen Herzogs Carl war. Der Tempel wurde erst 1891 errichtet und enthält eine von Christian Daniel Rauch geschaffenen Nachbildung des Sarkophags mit der Grabfigur Luises. Unweit des Luisentempels, unmittelbar am Ufer des Zierker Sees, steht, bisher wenig beachtet, ein achteckiger Holzpavillon mit abgestuftem Pagodendach, der 1821 ebenfalls nach Plänen von F. W. Buttel als Wäschespülhaus des großherzoglichen Waschhauses erbaut wurde. Dieser Pavillon ist das einzige Zeugnis der Chinoiserie in Neustrelitz.

Ein großes dreiflügliges Backsteingebäude am westlichen Parkrand, beim Theater, ist der ehemalige Marstall, der 1870 ebenfalls nach einem Entwurf von F. W. Buttel in neogotischen Formen aufgeführt wurde. Südlich vom Schlossstandort liegt der historische »Tiergarten«, auf dessen Gelände sich heute der Tierpark der Stadt befindet. Durch ein hohes eisernes Tor, dessen steinerne Pfeiler mit zwei bronzenen Hirschen besetzt sind, erreicht man die zwischen bewaldeten Hügeln liegenden Tiergehege. Das Hirschportal wurde 1824-1826 von F. W. Buttel, die Plastiken nach Modellen von Chr. D. Rauch geschaffen. Zahlreiche historische Bauwerke in der Nähe des Schlossstandortes komplettieren das Ensemble der herzoglichen Bauten und leiten zur Stadt Neustrelitz über, die den Besucher mit noch so manch anderer interessanter Hausfassade überrascht.

Sehenswertes in der Umgebung: Burgen, Schlösser, Gutshäuser und Parks in Alt Rehse, Ankershagen, Dambeck, Hohenzieritz, Mallin, Peckatel, Penzlin, Rumpshagen, Weisdin, Zahren.

Peckatel (Krs. Mecklenburg-Strelitz, H8)

An der Bundesstraße 193, wenige Kilometer südlich von Penzlin, liegt Peckatel. Dort stehen zwei Gutshäuser aus zwei Bauepochen nebeneinander, was in Mecklenburg sehr selten und nur in Karow (Krs. Parchim) noch der Fall ist.

Das Rittergut Peckatel war von 1795 bis 1934 Maltzanscher Besitz und wurde dann aufgesiedelt. Im ersten Viertel des 19. Jahrhunderts entstand zuerst ein klassizistisches, eingeschossiges Gutshaus von neun Achsen und einem Mittelrisalit mit Giebeldreieck unter einem Krüppelwalmdach. Später wurde dem Haus ein von vier Pfeilern gestützter Altan vorgesetzt und aus dem Mittelrisalit ein dreiachsiges Zwerchhaus mit Zeltdach gebaut. Außerdem erhielt das Dach vier Mansarden, die ebenfalls Zeltdächer tragen. Nach 1884 (Aufnahme des Messtischblattes 2544) oder gar erst nach 1911 (letzte Nachträge zum Messtischblatt) wurde westlich unmittelbar neben das klassizistische Gutshaus ein zweites Haus aus roten unverputzten Backsteinen errichtet, welches auf dem genannten Messtischblatt nicht verzeichnet ist. Das Haus verfügt sowohl über neogotische als auch Jugendstildetails. Es hat an der Hofseite einen Turm mit Haube, aber auch einen Schmuckgiebel. Im Giebel sind die Wappen der Familien von Bernstorff und von Maltzan (mit Hasenköpfen und Weinstock) angebracht. Eine Hochzeit könnte der Grund für den Neubau gewesen sein. An der nördlichen Fassade (Parkseite) findet sich in einem Putzfeld das Goethezitat: »*Was Du ererbt von Deinen Vätern hast, erwirb es um es zu besitzen*«, das von Faust im gleichnamigen Stück mit den Worten »*Was man nicht nützt, ist eine schwere Last; nur was der Augenblick erschafft, das kann er nützen*« fortgesetzt wird.

Während des Zweiten Weltkriegs wurden die Gutshäuser an eine Familie Orthey aus Rostock (Drahtfabrik) verkauft. 1992 erwarb Kurt Unger aus Berlin beide Häuser. Der neue Besitzer ließ sie restaurieren und moderne Mietwohnungen darin einrichten. Der kleine eingezäunte Landschaftspark erstreckt sich nordwärts hinter den beiden Gutshäusern und fällt auch zu tieferliegenden Niederungswiesen ab. Sein Gehölzbestand besteht aus einheimischen Baumarten. In der erneuerten ehemaligen alten

Die zwei Gutshäuser in Peckatel

Gutsschmiede ist eine ehrenamtlich betriebene Heimatstube mit Informationen zur Region eingerichtet.

Sehenswertes in der Umgebung: Burgen, Schlösser, Gutshäuser und Parks in Alt Rehse, Ankershagen, Dambeck, Groß Vielen, Hohenzieritz, Mallin, Penzlin, Prillwitz, Puchow, Rumpshagen, Weisdin, Wendorf, Zahren.

Penzlin (Krs. Müritz, H8)

Penzlin, ursprünglich eine slawische Siedlung, erstmals 1170 als Dorf erwähnt, ist seit 1263 als »civitas« bekannt. In diesem Jahr verlieh ihr Nikolas Werle das Schweriner Stadtrecht.

Am nördlichen Rand der Stadt, die noch heute das mittelalterliche Straßennetz aufweist, liegt seit dem 13. Jahrhundert eine Burg. Penzlin gehörte ehemals zum Gründungsbesitz des Prämonstratenserklosters Broda und wechselte mehrfach den Besitzer, teils durch Verkauf, teils durch Verpfändung. Auf diese Weise gelangten die Burg und die Stadt 1414 auch zeitweilig in den Besitz von Lüdeke (d. Ä.) Maltzan. Behrend von Maltzan, Ritter auf Wolde, wurde schließlich 1517 endgültig mit der Burg und der Stadt belehnt. Dessen Sohn, Joachim II., erwarb 1529 die Herrschaft Wartenberg in Schlesien und wurde 1530 von Kaiser Karl V. in den Stand eines Reichsfreiherrn von Wartenberg und Penzlin erhoben.

Interessant ist, dass – sehr viel später – Ferdinand von Maltzan bereits am 16. Oktober 1816, dem dritten Jahrestag der Völkerschlacht bei Leipzig, auf seinen Gütern die Leibeigenschaft aufhob und damit den landesherrlichen Verordnungen vorgriff, die erst 1820 in beiden Mecklenburg die Leibeigenschaft beseitigten. In der Stadt wird der Besucher durch Hinweisschilder zur »Alten Burg« geleitet.

Wie bei mittelalterlichen Burgen üblich, liegt auch diese Anlage auf einer leichten Anhöhe. Die erhaltenen Gebäude der Burg stammen aus dem 14. und 15. Jahrhundert. Es sind zwei rechtwinklig aneinanderstoßende Flügel, von denen der östliche das alte Torhaus der Burg ist. Durch das große Tor gelangt man auf einen Weg, der zur »Neuen Burg« führt, einem klassizistischen Bau, der um 1810 im Bereich der nördlichen Vorburg errichtet wurde, zuletzt ein Schulgebäude war und nun zum Bürgerhaus ausgebaut werden soll.

Betrachtet man von Osten die »Alte Burg«, ist zu sehen, dass das Obergeschoss des Torhauses verändert wurde. Einige Fenster sind deutlich neueren Datums. Umbauarbeiten erfolgten bereits in der Mitte des 19. Jahrhunderts und um die Jahrhundertwende. Damals wurde eine »herrschaftliche Wohnung‹ in der Burg eingerichtet.

Zur gleichen Zeit erhielt das Torhaus auch einen gotischen, gusseisernen Dachreiter, der heute nicht mehr vorhanden ist. Von der östlichen Seite aus ist auch der geschweifte Schmuckgiebel an der Nordseite des Torhauses zu erkennen. An diesem Giebel ist ein Aborterker erhalten, in Mecklenburg inzwischen eine architektonische Rarität. Westlich an das Torhaus stößt ein Burgflügel an, dessen Fachwerkobergeschoss erst im vergangenen Jahrhundert erneuert wurde, was auch an den modernen Fenstern zu erkennen ist.

Die Backstein- und Fachwerkmauern ruhen auf solidem Feldsteinmauerwerk. Doch hat der Zahn der Zeit stets an den alten Mauern genagt. Aus diesem Grund setzten seit 1990 umfangreiche Restaurierungsarbeiten ein, wobei u.a. die Südseite des Torhauses gesichert bzw. wiederaufgebaut (Architekt D. Nolden) sowie das Gelände am Burggraben gesäubert wurden.

Die Burg hat heute keinen Bergfried mehr, doch sind innerhalb der Burg Mauerreste davon erhalten.

Seit 1952 beherbergt die Burg das Museum der Stadt, zu dessen Besonderheiten der »Hexenkeller‹ gehört, ein historischer Folterkeller mit allerlei Marterwerkzeugen sowie mehreren Mauernischen, in denen hinter Bohlentüren Hexen eingeschlossen gewesen sein sollen. Die seit 1995 bestehende Ausstellung zur

Alltagsmagie und zu den Hexenverfolgungen in Mecklenburg erinnert an den Wahn früherer Jahrhunderte.

Eine Seltenheit in Mecklenburg stellt auch der zweigeschossige Keller unter der Burg dar.

Zwei bedeutende Penzliner Bürger sollen an dieser Stelle genannt werden: der Dichter und Homer-Übersetzer Johann Heinrich Voß (1751-1826) sowie der Burgenforscher und Bürgermeister Dr. Otto Piper (1841-1921).

Sehenswertes in der Umgebung: Schlösser, Gutshäuser und Parks in Alt Rehse, Ankershagen, Chemnitz, Gevezin, Groß Vielen, Hohenzieritz, Krukow, Lapitz, Marihn, Mallin, Pinnow, Prillwitz, Puchow, Rumpshagen, Wendorf, Wrodow, Zahren.

Poppendorf (Krs. Bad Doberan, E2)

Poppendorf ist vermutlich nicht wegen des großen modernen Düngemittelwerkes, sondern wegen seines »Musenhofes« bekannt. Der »Musenhof Poppendorf« ist das restaurierte Gutshaus, welches durch seine beiden überdimensionalen Dreiecksgiebel mit großen Lünettenfenstern wohl das ungewöhnlichste Gutshaus in Mecklenburg ist.

Diese beiden großen Giebel zieren nicht die Giebelseiten, sondern sind über die sieben mittleren Achsen der Langseiten des etwa 1810 entstandenen, eingeschossigen Hauses gebaut worden.

Insgesamt hat das heute weiß und gelb getünchte Haus neun Achsen. Wegen der auf der Hof- und Parkseite dominierenden Giebelbauten ist das Mansardendach nur an den Ecken des Hauses zu erkennen. Im großen Lünettenfenster (Segmentbogenfenster) der Hofseite ist später eine Uhr eingesetzt worden, während das Fenster der Parkseite noch den originalen Zustand zeigt.

Hof- und Parkseite unterscheiden sich auch dadurch, dass auf der Parkseite das Kellergeschoss sichtbar ist, weshalb auch eine zweiläufige, parallel zum Haus verlaufende Treppe in den Park führt. Außerdem liegen in der Mitte des Hauses zwei große dreiteilige Sprossenfenster und die daneben liegenden beiden kleineren Fenster sind zu einem Paar dichter zusammengestellt. Die Fenster der Hofseite dagegen sind alle fast gleich groß.

Das Giebeldreieck wiederholt sich auf der Hofseite in einer zusammenfassenden Überdachung der Tür und der beiden benachbarten Fenster. Auf der Parkseite sind, wieder abweichend, die Tür und auch die beiden flankierenden Fenster durch einzelne dreieckige Überdachungen hervorgehoben.

Das Gutshaus wurde Ende 1990 privatisiert und ab 1991 bis zum Sommer 1993 dem heutigen Zweck (Musenhof!) im Erdgeschoss entsprechend hergerichtet.

Der repräsentative »Empiresaal«, in dem Konzerte oder Tagungen stattfinden können, wurde erst 1995 fertiggestellt. Die Decke des Saals ist illusionistisch als Zeltdach ausgemalt. Diese Form der Deckengestaltung ist nur noch einmal im ovalen Gartensaal des herzoglichen Palais in Bad Doberan zu finden, der

Der »Musenhof Poppendorf«

zur gleichen Zeit wie das Gutshaus Poppendorf erbaut wurde. Letzter Besitzer vor 1945 war Wilhelm Ramelow, der in Poppendorf das landwirtschaftliche Gut bewirtschaftete, obwohl er eigentlich eine Textilkaufhauskette, nicht nur in Mecklenburg, betrieb. Zum Gutshaus gehört ein Stall, der 2001 als restaurierter »Musenstall« eröffnet wurde und dessen Zügel wie auch die des »Musenhofes« Uta Börner fest in der Hand hat.

Im angrenzenden Park sind neben Blumen- und Staudenbeeten gepflegte Rasenflächen, große Kastanien, Buchen, Eichen und eine Stechpalme *(Ilex aquifolium)* angepflanzt.

Sehenswertes in der Umgebung: Schlösser, Gutshäuser und Parks in Gelbensande, Groß und Klein Kussewitz, Mandelshagen.

Prebberede (Krs. Güstrow, F4)

Das große Schloss von Prebberede liegt am östlichen Rand des Dorfes. Die Ausmaße (40 x 21 m) des rechteckigen Bauwerks mit elf Achsen Breite und sieben in der Tiefe sind etwas ungewöhnlich. Im zweigeschossigen Bau verstecken sich unter dem hohen Mansardendach noch zwei weitere Etagen, die an den Mansardenfenstern und den drei Rundfenstern in jeder Giebelseite erkennbar sind.

Das zwischen 1772 und 1778 für den Grafen Carl Friedrich von Bassewitz von dem Baumeister Sidon aus Güstrow errichtete Schloss lässt in der Fassade aus unverputzten Backsteinen, durch seine geputzten Kolossalpilaster mit den aufwendigen Sandsteinkapitellen und den beiden dreiachsigen, dreieckig übergiebelten Mittelrisalit schon frühklassizistische Züge erkennen. Das abgewalmte Mansardendach mit den vier geformten, symmetrisch auf dem Dachfirst verteilten Schornsteinen spricht dagegen noch eine barocke Formensprache.

Im Innern des Schlosses sind auch noch die aufwendigen, dekorativen Gestaltungselemente des Rokoko zu sehen. Die Eingangshalle ist mit weißem und schwarzem Marmor schachbrettartig ausgelegt. Die Treppe ist dreifach gewendet und hat ein sehenswertes Balustradengeländer. Wegen der großen Halle und des unsymmetrischen Treppenhauses befindet sich der kunstvoll geschmückte Festsaal im Obergeschoss, bei dem mehr die Wände als die Decke mit Stuckaturen verziert sind. Das Schloss ist restauriert und beherbergt heute mehrere Wohnungen und auch Ferienquartiere. Der Haupteingang liegt auf der Nordseite des Schlosses, wo auch ein Doppelwappen im Giebeldreieck angebracht ist. Es zeigt u. a. einen springenden Eber (»der Basse«), das Wappentier der Familie von Bassewitz. Das Portal ist zum ehemaligen Gutshof gerichtet, von dem, weit vom Schloss entfernt, noch zwei ebenerdige, quer zum Schloss liegende Gebäude (Ställe, Scheunen) vorhanden sind, die – inzwischen modernisiert – nicht mehr landwirtschaftlich genutzt werden. Sie tragen die Baudaten 1768 und 1904. Zwischen diesen beiden und dem Schloss lagen früher zwei weitere, langgestreckte landwirtschaftliche Bauten, die den Hof nach Osten und Westen begrenzten.

Schloss Prebberede

Der südlich und östlich vom Schloss gelegene Barockpark von 1764 ist zu Beginn des 19. Jahrhunderts in einen etwa acht Hektar großen Landschaftspark umgestaltet worden. Als der Park nach 1945 als Sportplatz genutzt und zudem eine Vielzahl von Kleingärten geschaffen wurden, musste so mancher Parkbaum weichen.

Die übrigen Buchen und Stieleichen sind heute zum Teil wipfeldürr und werden nur noch für kurze Zeit eine Zierde des Parks sein. Mit der Neubepflanzung wurde bereits vor etwa 30 Jahren begonnen, als eine schmale Allee aus Pyramideneichen in der Hauptachse des Schlosses in Richtung Süden angelegt wurde, die eine abgängige Lindenallee ersetzte.

Nordöstlich vom Schloss steht im Park die sehenswerte neogotische Familienkapelle (datiert 1862), die der Schweriner Hofbaurat Hermann Willebrand (1816-1899), inspiriert von der alten gotischen Kirche von Althof bei Bad Doberan, entwarf.

Sehenswertes in der Umgebung: Schlösser, Gutshäuser und Parks in Belitz, Boddin, Dallwitz, Groß Wüstenfelde, Matgendorf, Neu Polchow, Poggelow, Tellow.

Puchow (Krs. Müritz, H7)

Vier Kilometer nördlich von Penzlin liegt Puchow. Während der Jahrhunderte ging das Gut Puchow von Hand zu Hand, wurde verkauft und verpfändet, bis es schließlich 1878 nebst dem benachbarten Rahnenfelde in den Besitz des Freiherrn Ulrich von Maltzan gelangte. Das damals vierhundert Hektar große Rittergut sowie die Güter Rahnenfelde und Gevezin kaufte 1905 Adolf von Buenger. Herr von Buenger ließ das Dorf Puchow, den Gutshof und ein Schloss neu erbauen. Die Wohnhäuser im Dorf sind mit den Jahreszahlen 1906-1914 datiert. Auch die dem Schloss östlich vorgelagerten Scheunen und Stallungen verraten ihre Entstehungszeit (1908-1912). Es sind stattliche Putzbauten, bei denen auch einige Abschnitte in Fachwerkbauweise ausgeführt wurden. Mittelpunkt des Rittergutes ist das am westlichen Rand des Gutes liegende Schloss, in dem bis 1990 die »Kulturakademie des Bezirkes Neubrandenburg« untergebracht war.

Das Schloss ist ein zweigeschossiger, gelb gestrichener Putzbau über einem Feldsteinsockel. Die Dorfseite ist durch einen aufwendigen Mittelrisalit besonders betont, vor dem ein Säulenvorbau mit Altan gebaut ist. Dieser Altan hat ein schönes schmiedeeisernes Geländer, dessen mittleres Feld den verschlungenen Monogrammzug AB zeigt. Im Schweifgiebel des Mittelrisalits ist die Jahreszahl 1910 zu lesen. Die Fensterüberdachungen der ersten Etage sind Segmentbögen mit unterschiedlichen, plastisch hervortretenden Köpfen.

Auch die Parkseite des Schlosses hat einen aufwendigen Mittelrisalit, der weit aus dem Haus herausragt. Er trägt einen schmalen Balkon und einen halbrunden Giebelaufsatz. Neben dem Risalit befinden sich einachsige laubenartige Anbauten, die auf die vorgelagerte hohe Terrasse münden, von der eine Treppe zum Park hinabführt. Das neobarocke Schloss wird von einem Mansardendach überdeckt, das auch Fledermausgauben aufweist. Die Eingangshalle des Schlosses reicht durch beide Etagen. Sehenswerte Details sind darin ein hohes Holzpaneel, die breite Holztreppe und ein Kamin. In der zweiten Etage geht die Treppe in eine hölzerne Galerie über. Eine Hallenwand trägt auch einen verglasten, hölzerner Erker.

Wirtschaftsgelände des Gutes Puchow

Der westlich vom Schloss liegende Park ist nicht groß. Seine Mitte bildet eine Wiese, an deren Rand einheimische Baumarten stehen. Dazu gehören Eschen, Rotbuchen, Stieleichen, Bergahorn und einige Birken. Dazwischen wurden auch einige Roteichen *(Quercus rubra)* gepflanzt. Es finden sich auch einige Exemplare des Eschenahorns und Walnussbäume. Eine frei stehende große Blutbuche und eine Pyramideneiche lenken nahe am Schloss die Blicke auf sich. Rhododendron- und Taxusbüsche bilden neben der Blutbuche ein Dickicht aus immergrünen Blättern. 1999 wurde das Schloss vom Finanzministerium des Landes an einen Privatmann verkauft. Es sollte ein Beratungs-Bemusterungszentrum für zukünftige Bauherren im Schloss entstehen.

Sehenswertes in der Umgebung: Burgen, Schlösser, Gutshäuser und Parks in Ankershagen, Alt Rehse, Chemnitz, Gevezin, Groß und Klein Helle, Krukow, Lapitz, Mallin, Peckatel, Pinnow, Wrodow.

Rattey (Krs. Mecklenburg-Strelitz, K7)

Schloss Rattey liegt am westlichen Rand der Brohmer Berge, einem von Buchenwäldern bedeckten Endmoränenzug. Es ist eigentlich auch nur ein Gutshaus, aber wie so oft hält sich die Bezeichnung Schloss, zumal seit Sommer 1998 das »Park Hotel Schloss Rattey« im Haus betrieben wird.

Das »Schloss« wurde 1806 für Hans Christoph von Oertzen als zweigeschossiges, elfachsiges Gutshaus in den schlichten Formen des Klassizismus erbaut. Lediglich die beiden von einem flachen Giebeldreieck überbauten Mittelrisalite und gerade Fensterüberdachungen schmücken es außen ein wenig. Das Krüppelwalmdach hat erst während des Umbaus zum Hotel zwischen 1996 und 1998 zweimal sechs Gauben erhalten. Beim Umbau wurde auch die auf Pfeilern stehende Terrasse an der Parkseite wieder hergestellt, die vorher umbaut und geschlossen war.

Die besonderen Sehenswürdigkeiten am Schloss Rattey bestehen einerseits darin, dass im etwa dreizehn Hektar großen Park und auf der angrenzenden »Ratteyer Pferdekoppel« mehr als zwanzig starke Stieleichen *(Quercus robur)* stehen, die Stammumfänge bis zu sieben Metern aufweisen und deshalb Naturdenkmale sind. Andererseits wird auf dem terrassierten Südhang unmittelbar am Schloss, oberhalb eines Teiches, und östlich von Schloss, seit Mai 1999 vom »Verein der Privatwinzer zu Rattey« e.V., Wein angebaut. Es wird die junge rote Sorte »Regent« kultiviert und der daraus gewonnene Most im Schlosskeller zu einem trinkbaren Wein gekeltert.

Abgesehen von den Weinstöcken *(Vitis vinifera)* stehen im Landschaftspark auch andere Gehölze, so z. B. nahe dem östlichen Giebel des Schlosses zwei sehr stattliche Platanen, aber auch Rotbuchen, Bergahorn und Eschen, sowie am südwestlichen Parkrand einige Weymouthskiefern *(Pinus strobus)*.

Sehenswertes in der Umgebung: Burgen, Schlösser, Gutshäuser und Parks in Cosa, Galenbeck, Groß Miltzow, Kleppelshagen, Klockow, Kotelow, Lübbersdorf, Neuensund, Schönhausen.

Blick in den Weinkeller des »Park Hotel Schloss Rattey«

Retzow (Krs. Müritz, G9)

Nahe der B 198, östlich vor dem Abzweig nach Rechlin, liegt das Dorf Retzow. Hier findet der Besucher ein sehenswertes Schloss, das um 1810 für Freiherrn von Hammerstein erbaut wurde.

Es zeigt heute noch unverbaut die einfachen Linien des Klassizismus. Die Hauptfassade ist dem Wirtschaftshof zugewandt. Dieser wird noch heute durch zwei im rechten Winkel zum Schloss stehende alte vierzehnachsige Gebäude gebildet. Im südöstlichen Flügel war früher der Reitstall mit Winterreithalle untergebracht. Das nordwestliche Gebäude ist noch bewohnt.

Das große Schloss erhebt sich zweigeschossig über einem hohen Kellergeschoss. Die Fenster des Hauptgeschosses sind größer als die des darüber liegenden zweiten Geschosses. Beeindruckender Mittelpunkt der Fassade ist der dreiachsige Mittelrisalit, der durch einen imposanten Säulenportikus mit Giebeldreieck gebildet wird. Im Giebeldreieck ist ein aufwendiges Segmentbogenfenster eingearbeitet. Durch Putznutung im Kellerbereich, gerade Fensterüberdachungen im ersten Geschoss und Gesimse zwischen den Geschossen ist die Front des Schlosses gegliedert und verziert. Ein hohes Walmdach erhebt sich über dem Gebäude, in dem insgesamt zwölf Fledermausgauben eingebaut sind. Der sehr hoch über dem Hof liegende Haupteingang ist über eine leicht gebogene Rampe zu erreichen. Doch bis zur Terrasse vor dem Portikus muss man noch eine Treppe ersteigen. Unter der Terrasse liegt eine Unterfahrt. Dort ist der Zugang zum Kellerbereich des Schlosses.

Auch die Parkseite hat siebzehn Achsen, jedoch fehlt hier ein Portikus. Dafür sind die drei mittleren Achsen durch flache Pilaster voneinander getrennt. Zwischen diesen liegen zwei auffällig hohe Fenster und eine Tür, über denen je ein kleines quadratisches Fenster angeordnet wurde. Dahinter liegt der Gartensaal.

Von der Parkterrasse, die auf schmucken eisernen Säulen steht, kann man über eine zweiarmige Treppe in den Park hinabsteigen, der sich südlich vom Schloss erstreckt. Starke Stieleichen und Rotbuchen bilden den Grundbestand im Park. Direkt am Schloss

Schloss Retzow

sind Blutbuchen und ein dreistämmiger Tulpenbaum die dominierenden Gehölze. Eine Trauerbuche lässt am südöstlichen Parkrand ihre Zweige hängen. Unweit davon wirft eine starke Weymouthskiefer ihre langen Zapfen in den Park.

Das Gut Retzow wurde bereits 1917 teilweise enteignet, weil auf ehemaligem Gutsgelände die Militärflugplätze Rechlin und Lärz angelegt wurden. Das Restgut verkaufte Freiherr von Hammerstein 1926 an den Holzhändler Joseph Törck, der Gut und Schloss aber 1935 aufgab und wegzog, weil die Rechliner »Erprobungsstelle der Luftwaffe« ständig Erweiterung erfuhr. Nach Kriegsende wurde das Schloss von 1952 bis zum Dezember 1994 als Altersheim genutzt. Nun steht es leider schon einige Jahre leer.

Sehenswertes in der Umgebung: Burgen, Schlösser, Gutshäuser und Parks in Boek, Dambeck, Drosedow, Federow, Kargow, Klink, Leizen, Ludorf, Mirow, Neustrelitz, Priborn, Speck, Wesenberg, Wredenhagen.

Rumpshagen (Krs. Müritz, H8)

Unweit vom Heinrich-Schliemann-Dorf Ankershagen liegt Rumpshagen. In dieser Gemeinde steht ein Barockschloss, das zwischen 1730 und 1732 erbaut wurde. Wie so oft ist der Name des Architekten und Baumeisters nicht überliefert. Bauherr war Friedrich Ernst von Voß († 1739), der auch Erbherr auf Gievitz, Flotow, Klein Helle, Luplow, Trollenhagen und Podewall war.

Das Schloss ist ein zweigeschossiger, rechteckiger, verputzter Backsteinbau mit einem gewalmten Mansardendach, das zwei dominierende Schornsteine trägt. Drei von elf Achsen bilden sowohl auf der Park- als auch auf der Dorfseite den Mittelrisalit, der von einem Giebeldreieck abgeschlossen wird, in dem sich ein Wappenfeld befindet. Auf der Parkseite fehlt das Wappenfeld.

Schon von weitem fällt die Gliederung des Schlosses in helle und dunkle Flächen auf. Der Architekt erreichte die horizontale und vertikale Gliederung der Fassaden dadurch, dass er den glatten, grau-braunen Putzflächen solche gegenüberstellte, die durch viele in den frischen Putz gedrückte blaue und grüne Glasscherben eine eigenwillige, raue Struktur erhalten hatten. Eine derartige Fassadengestaltung findet man in Mecklenburg sonst nirgends! Glatte Putzfelder liegen unter den Fenstern. Auch die Pilaster der Mittelrisalite mit den kunstvollen Putzkapitellen sind nicht mit Glasbruch verziert. Der Hofrisalit hat vier, der parkseitige Risalit verfügt über sechs solcher Wandsäulen. Massive Putzschäden schmälern den Gesamteindruck heute jedoch beträchtlich.

Wie in vielen Dörfern Mecklenburgs hat auch in Rumpshagen einmal eine Glashütte existiert, die ab 1692 in Betrieb war. Sie gehörte dem Vater des Bauherrn, Siegfried von Voß, der sie dem Hüttenmeister Seitz verpachtet hatte. Die Namen anderer Hüttenmeister waren Zimmermann und Gundlach. Es dürfte wohl kein Geheimnis mehr sein, woher die Glasscherben im Putz des Schlosses stammen. Bruchglas fiel auch damals sicherlich reichlich an und wurde so aufgewertet.

Zwischen Schloss und Park liegt versteckt hinter Weidenbäumen ein rechteckiges Wasserbecken, das ehemals zum barocken Park gehörte und heute nur noch einigen Enten rechte Freude bereitet.

Barockschloss Rumpshagen

Parkstrukturen sind nicht mehr zu erkennen, sieht man von einigen alten Rosskastanien, Linden, Eschen und Buchen ab. Teile des Parks werden auch als Pferdekoppel genutzt. Nur im nordwestlichen Parkbereich kann der Besucher eine Hainbuchenreihe und eine etwa sechzig Meter lange Hainbuchenallee entdecken, die während des Barock ein geschnittener Laubengang gewesen sein mag.

Im Mittelalter gab es in der Nähe von Rumpshagen eine Burgstelle. Diese befand sich etwa sechshundert Meter nördlich vom Dorf, direkt neben der heutigen Straße. Der Flurname lautete dort seit jeher »Schlossberg«. In den 1920er Jahren wurde innerhalb der Schuttwälle der alten Burg ein Kriegerdenkmal (1914-1918) aus einem halbierten Findling errichtet.

Sehenswertes in der Umgebung: Burgen, Schlösser, Gutshäuser und Parks in Ankershagen, Dambeck, Federow, Friedrichsfelde, Groß Vielen mit Torhaus und Mammutbaum, Klein und Groß Plasten, Marihn, Penzlin, Speck, Wendorf, Zahren.

Schönhausen (Krs. Mecklenburg-Strelitz, K 7)

Auf der westlichen Seite der Brohmer Berge, in einem großen bewaldeten Landschaftsschutzgebiet, liegt das Gutshaus von Schönhausen. Es wurde 1843 für Heinrich von Michael errichtet. Die Pläne für den Bau lieferte der Neustrelitzer Architekt Friedrich Wilhelm Buttel (1796-1869).

Das herrschaftliche Wohnhaus in Schönhausen ist ein echtes Gutshaus, denn es liegt am Ende eines großen Gutshofes, dessen massive Wirtschaftsgebäude etwas später, erst 1854/55 entstanden. Im Gegensatz zu anderen Buttel-Bauten, wird am Gutshaus von Schönhausen der Stil der Neogotik nicht durch Türme und Zinnenkränze repräsentiert. Das zweigeschossige Haus entspricht eher noch der klassizistischen Linie des Architekten. Die Mitte wird durch einen dreiachsigen, nur etwas erhöhten Mittelrisalit bestimmt, neben dem je fünf Fensterachsen liegen. Alle Fenster des Gutshauses sind als Rundbogen-Sprossenfenster ausgeführt, auch die drei großen Türen, die den Eingang zum Haus darstellen. Ein sehr flaches Giebeldreieck schließt den Risalit nach oben ab, wobei dessen Ecken und auch die des Hauses als quadratische, schlichte Pfeiler ausgeführt sind, auf denen flache Schalen stehen. Unter der Traufe sind runde Fenster angeordnet.

Das Dach selbst ist sehr flach angelegt; das ist eine Eigenart Buttelscher Bauten. Dieser hatte sich zwischen 1830 und 1840 intensiv mit solchen Dachkonstruktionen beschäftigt und in der Folge auch die Einführung des Teerdaches in Mecklenburg-Strelitz befördert.

Das verputzte Gutshaus steht auf einem Feldsteinsockel. Ein Fries aus roten, hartgebrannten Formsteinen gliedert das Gebäude horizontal. Die dem See zugewandte Rückseite des Hauses ist der Vorderseite ähnlich, wenn auch der Mittelrisalit hier stärker aus der Flucht des Hauses herausragt.

Von der Nachkriegszeit an bis 1995 waren im Gutshaus von Schönhausen die Schule und der Kindergarten des Ortes untergebracht. Bis zuletzt wurden die Räume durch Kohleöfen beheizt.

Vor der Hofseite des Gutshauses sind von der ursprünglichen Bepflanzung eine Traueresche und an den Rändern der vorgelagerten Rasenfläche Pyramideneichen erhalten. Vom Gutshaus aus führt eine Rotdornallee zum Park. Dieser erstreckt sich zwischen Gutshaus und See in nordwestliche Richtung. Im hügligen Parkgelände weist eine Geländesenke von fünfzehn Metern Durchmesser auf ein ehemals vorhandenes Turmfundament einer mittelalterlichen Burganlage hin.

Des Weiteren befindet sich im Park eine Gruft mit einer aus Feldsteinen gemauerten Fassade, die erst nach 1925 entstanden ist, als an dieser Stelle mehrere alte Kellergewölbe aus dem 16. Jahrhundert entdeckt wurden.

Im Park sind drei Blutbuchen neben Trauerweiden, Rosskastanien, Eschen und Robinien zu finden. Koniferen gibt es nur wenige, dafür fällt dem Besucher eine gewaltige Sommerlinde *(Tilia platyphyllos)* ins Auge.

Sehenswertes in der Umgebung: Schlösser, Gutshäuser und Parks in Cosa, Galenbeck, Göhren, Groß Miltzow, Kleppelshagen, Kotelow, Klockow, Lübbersdorf, Mildenitz, Neuensund, Rattey, Wolfshagen.

Sparow (Krs. Müritz, E8)

Der Gutshof Sparow liegt östlich der A 19, unweit von Alt Schwerin. Abgesehen von einigen Tagelöhnerkaten aus Feldstein, besteht der Ort nur aus dem Gutshof, der schon in der zweiten Hälfte des 19. Jahrhunderts von der Familie Nekel bewirtschaftet wurde, was die Initialen H.N. 1881 am alten Stall verraten. Mittelpunkt des Hofes ist das Gutshaus, das im Kern ein Barockbau sein kann. Es ist zweigeschossig, hat neun Achsen und ein Krüppelwalmdach mit Gauben. Die Mitte des Hauses ist durch einen Risalit mit kleinem Giebeldreieck und einen Altan etwas hervorgehoben.

Erst nach 1998 wurde das lange leer stehende Gutshaus saniert. Dabei wurde am östlichen Giebel auch ein eingeschossiger, mit Schiefer gedeckter Backsteinanbau mit fünf Achsen abgerissen, der im 19. Jahrhundert wohl als Altenteil dort angebaut worden war.

Auf dem Gelände nördlich vom Gutshaus, wo sich ehemals der Park mit Blutbuche, Platane, Rotbuchen und einer starken Roteiche befand, sind mehrere große und kleine Gebäude und auch eine Fachwerkkapelle neu entstanden, die zusammen mit dem Gutshaus als »Hotel Gutshof Sparow« genutzt werden. Die Dorfstraße führt von Alt Schwerin kommend durch eine noch sehr stattliche Rosskastanienallee in Richtung Nossentin und Nossentiner Hütte. Letzterer Name weist auf eine früher am Rand der Nossentiner Heide betriebene Glashütte hin.

Am östlichen Ortsausgang von Sparow, am Fuße des Pickberges, ist ein Teerofen neu errichtet worden, der als Schauanlage zur Gewinnung von Teer aus Kiefernholz mehrmals im Jahr angefeuert wird. Durch trockene Destillation von Kiefernholz in einem doppelwandigen großen Steinofen wird dabei Teer und Holzkohle gewonnen. Aus dem Kieferntteer wurde danach durch Sieden und Destillation Pech und Terpentin hergestellt. Überall dort wo große Kiefernwälder wachsen, gab es früher im ganzen Land Teeröfen. Nur Flurnamen weisen heute noch darauf hin.

Sehenswertes in der Umgebung: Schlösser, Gutshäuser und Parks in Alt Sammit, Alt Schwerin, Blücherhof, Göhren-Lebbin, Karow, Klink, Kuchelmiß, Neu Gaarz, Vollrathsruhe.

Speck (Krs. Müritz, G8)

Im Jahr 1937 wurde am Ostufer der Müritz, inmitten ausgedehnter Wälder, ein Jagdschloss fertiggestellt. Bauherr war Dr. Kurt Herrmann aus Leipzig, der schon 1926 im benachbarten Federow das dortige Gut mit umfangreichem Waldbesitz erworben hatte. Das Rittergut Speck (vormals Familie von Rohr) hatte er 1930 erworben. Kurt Herrmann (*1888) war selbst kein Landwirt, sondern hatte nach einer Maurerlehre die Ausbildung zum Bauingenieur an der Königlichen Bauschule in Leipzig (1905-1908) absolviert. Ab 1912 arbeitete er als selbstständiger Architekt in seiner Geburtsstadt. Durch Heirat in die Familie des Kommerzienrates Meyer (1914) erhielt er Zugang zu erheblichem Industrievermögen. Dazu gehörten mehrere Flugzeugwerke sowie die Buchdruckerei und der Buchverlag Bernhard Meyer (Meyers Universallexikon).

In dieser Zeit lernte er den Jagdflieger aus dem Ersten Weltkrieg Hermann Göring kennen, der später auch Reichsjägermeister wurde. 1936 wurde Kurt Herrmann Mitglied im Reichsjagdrat. Beweggrund für den Erwerb der Rittergüter Federow und Speck sowie 1936 auch Dambeck bei Kratzeburg (zusammen 7 500 ha) war die Jagd. Die spätere Ernennung zum preußischen Staatsrat ist bemerkenswert, weil K. Herrmann bereits 1931 seinen Wohnsitz im Fürstentum Liechtenstein nahm und durch schriftlichen Staatsbürgereid Bürger des Fürstentums geworden war.

Die Frage, wer als Architekt für das Jagschlosses Speck gewonnen wurde, ist bisher nicht sicher belegt. Fest steht aber, dass 1935 Dr.-Ing. Kurt Herrmann als Generaldirektor der »UVAG« Universal-Verlags GmbH, Berlin, sowie als Landwirt, Fabrikbesitzer und Architekt mit einer Wohnung im Gut Federow im Leipziger Adressbuch ausgewiesen war. Es kann vermutet werden, dass das Jagdschloss Speck von Kurt Herrmann selbst entworfen wurde.

Das Schloss liegt etwa zweihundert Meter südlich der alten Ortslage Speck, neben einer neogotischen Kapelle (1820/25), die unter dem Vorbesitzer von Rohr erbaut wurde. Das Schloss selbst ist vom Dorf aus nicht zu sehen, weil ein eingeschossiger Wohn- und Torbereich sowie ein zweigeschossiges Werkstatt- und Garagenbauwerk Schloss und Schlosshof verdecken. Auffällig sind am Torhaus rustikale Einfassungen aus rotem Werkstein. Hinter dem Torhaus öffnet sich ein Hof nach Süden, von dem der Zugang zu Bedienstetenwohnungen, großer Werkstatt, den Pkw-Garagen sowie zum Forsthaus möglich sind. Weiter nach Süden öffnet sich dann der große Schlosshof mit Blick auf das eigentliche Haupthaus, welches eingeschossig und trotz ausgebautem Keller- und Dachgeschoss nicht groß ist. Es erhält seine »Schlosswürde«, den landschaftsbestimmenden Aspekt, durch einen neben einem Verbindungsbau errichteten etwa zwanzig Meter hohen quadratischen Turm, der unter dem Dach offene breite Schauöffnungen nach den vier Himmelsrichtungen hat. Südlich neben dem Turm befindet sich noch ein größerer mehrgeschossiger Flügel, der wohl ausschließlich Wohnzwecken diente. Das Haupthaus ist über eine kurze Natursteintreppe, die sich zu einer Terrasse fortsetzt, zu erreichen. Am Treppenfuß steht, dem Charakter des Jagdschlosses entsprechend, eine Skulptur aus Muschelkalk von Johannes Göldel. Sie zeigt einen halbnackten Mann im Sklavengewand, der, mit einer Saufeder bewaffnet, einen von vier Hunden attakkierten Wild-Eber frontal erlegt (s. Abb. S. 151). Weitere Jagdsymbole findet man in Form eines bronzenen Türklopfers, der einen Hirschkopf trägt. In der Spitze des breiten Giebeldreiecks ist ein aus Bronze gefertigtes Elchgeweih befestigt. Das Forsthaus an der nördlichen Hofseite ziert ein Wisentschädel aus Beton. Im In-

Jagdschloss Speck

nern sind u.a. der Weinkeller, zwei Säle mit Kamin und Kassettendecken, mehrere Wohnzimmer mit hölzernen Wandschränken, sowie ein Badezimmer original erhalten. Das Forsthaus, der als Viertelkreis gebaute frühere Kohlebunker und das Schloss nebst Verbinder und Turm sind mit Hohlziegeln (Mönch und Nonne) gedeckt, die sonst in Mecklenburg höchstens bei einigen städtischen Villen zu finden sind. Nennenswert, weil in der Schlossbauarchitektur Mecklenburgs nicht üblich, ist der Rauputz, der mit Ausnahme des großen Werkstattgebäudes alle Gebäudeteile der Schlossanlage ziert. Dazu gehört auch ein kleines, schilfgedecktes Haus, welches ca. fünfzig Meter östlich vom Schloss, unter alten Waldparkbäumen steht. Das ebenerdige eingeschossige Haus trägt hölzerne Fensterläden, die diagonal weiß und rot angestrichen sind. In der Denkmalliste des Kreises Müritz ist dieses Bauwerk als»Hexenhäuschen« verzeichnet. Es könnte als Gästehaus gedient haben. Bis 1990 war das Schloss Erholungsheim der Nationalen Volksarmee der DDR, dann Sitz des

Landes-Nationalparkamtes und wurde im Jahr 2001 zum Verkauf ausgeschrieben.

Dendrologische Besonderheiten sind am Ortseingang von Speck stehende, dicke zweihundert Jahre alte Kiefern, übrigens an einer Stelle, wo sich früher eine Glashütte befand. Südlich der Kapelle stößt der Besucher auf ein wahrhaftiges Naturdenkmal – eine Linde mit etwa zwölf Metern Stammumfang.

Sehenswertes in der Umgebung: Schlösser, Gutshäuser und Parks in Ankershagen, Boek, Dambeck, Federow, Groß Gievitz, Groß und Klein Plasten, Kargow, Mirow, Retzow, Rumpshagen, Wendorf, Zahren.

Tellow (Krs. Güstrow, F5)

Tellow ist seit dem 19. Jahrhundert eng mit dem Namen des damaligen Gutsbesitzers Johann Heinrich von Thünen verbunden (1783–1850), der als Nationalökonom und Landwirtschaftsreformer über die Grenzen Mecklenburgs hinaus Bedeutung erlangte. In dem Zusammenhang sei auch einer der Söhne, Heinrich Edo von Thünen auf Tellow (1807–1873), hier erwähnt.

Nachdem J. H. von Thünen 1803 in Celle bei Albrecht Daniel Thaer und in Göttingen Landwirtschaft studierte hatte, heiratete er 1806 Helene Berlin aus Liepen (Mecklenburg-Strelitz). Er hatte ihren Bruder in Göttingen kennen gelernt. Bis 1808 bewirtschaftete er dann das Gut Rubkow (nördlich von Anklam, Vorpommern). Erst 1809 kaufte er das Gut Tellow, zog 1810 dorthin und entwickelte das Gut in kurzer Zeit, im Gegensatz zu seinen konservativen Nachbarn, nach neuesten wissenschaftlichen Prinzipien zu einem sehr leistungsfähigen Betrieb. Dazu gehörte ein ausgewogenes Verhältnis zwischen Stallviehhaltung und der organischen Düngung der Äcker mit Stalldung, die Ablösung der Dreifelderwirtschaft durch Holsteinische Koppelwirtschaft bzw. eine zehnschlägige Rotation der Fruchtfolge. Er ließ Ackerland drainieren, verbesserte den Wegebau, um die Fahrzeuge zu schonen und die Transportgeschwindigkeit zu erhöhen und führte den Akkordlohn und Leistungsnormen für Landarbeiter ein.

Auf dem ehemaligen Gutshof ist, ausgehend von einer kleinen Gedenkstätte, die 1972 im Gutshaus von dem damaligen Lehrer Rolf-Peter Bartz und einer Schüler-Arbeitsgemeinschaft »Natur- und Heimatforscher« eröffnet wurde, das heutige Thünen-Museum-Tellow entstanden.

Das Gutshaus selbst ist ein schlichtes Gebäude mit einem Fachwerkgiebel über einem massiven Erdgeschoss, am Ende einer Birkenallee. Vor dem Eingang steht ein auf vier ionischen Säulen ruhender Altan. Der mit Feldsteinen gepflasterte Platz vor dem Gutshaus zeigt die berühmten konzentrischen »Thünenschen Kreise«, die die optimalen Entfernungen von der im Mittelpunkt liegenden Stadt als Verbraucher verschiedener landwirtschaftlicher Produkte zu deren Erzeugerorten darstellen.

Der Park von Tellow

Der westlich vom Gutshaus liegende Park ist wegen seines artenreichen Gehölzbestandes besonders hervorzuheben. Von einer Blutbuche neben dem Gutshaus führt ein Hainbuchenlaubengang zu einem Teich mit Insel und zum durch ein Wegenetz gegliederten Park. Buchen und Eichen bilden dessen Grundbestand. Einblatt-Esche *(Fraxinus excelsior ‚Diversifolia')*, Schlitzblättrige Buche *(Fagus sylvatica ‚Laciniata')*, sowie Schlitzblättrige Sommerlinde *(Tilia platyphyllos ‚Laciniata')* sind ebenso vertreten wie eine gelbblättrige Eiche *(Quercus robur ‚Concordia')*, von der es in Mecklenburg nur wenige Exemplare gibt. Zu den weiteren interessanten Gehölzen zählen vier Platanen und eine zwölfstämmige Flügelnuss *(Pterocarya fraxinifolia)*, der Tulpenbaum und ein weißbunter Bergahorn.

Sehenswertes in der Umgebung: Schlösser, Gutshäuser, Parks in Alt Vorwerk, Amalienhof, Belitz, Boddin, Dalwitz, Gottin, Groß Wüstenfelde, Matgendorf, Poggelow, Prebberede und Schwiessel.

Torgelow (Krs. Müritz, G7)

Acht Kilometer in nordöstliche Richtung sind es von Waren bis nach Torgelow am gleichnamigen See. Dort wurde 1905/06 für den Kammerherrn von Behr-Negendank ein kleines, villenähnliches Schloss gebaut, dessen Architekt Otto March aus Berlin (1845-1913) war. Schloss Torgelow musste neu gebaut werden, weil das alte Schloss im Mai 1848 abgebrannt worden war. Aufgebrachte Tagelöhner und Chausseearbeiter hatten damals vom Gutsbesitzer Lohnnachzahlungen eingefordert. Dabei kam es zu offenem Aufruhr, der damit endete, dass die angerückten Dragoner vertrieben und das Torgelower Schloss nieder gebrannt wurde.

Die äußeren Formen des Schlosses sind schlicht, doch verleihen geschweifte Giebel, die säulengeschmückte Unterfahrt vor dem Haupteingang, zwei Türme sowie ein Mansardendach dem Schlösschen Merkmale des Neobarock. Unregelmäßig ist der Grundriss des Hauses durch eine Veranda an der Seeseite und die halb ins Haus eingelassenen Türme. Die innere Gliederung war ausgelegt für den Empfang vieler Gäste, wofür ein Vorraum und eine weite Diele mit einem Kamin im Barockstil, ein großes Kleiderzimmer für die Garderobe der Gäste ebenso dienten wie der Saal hinter der Diele. Schlafzimmer, Kinderzimmer und Räume für Gäste lagen im oberen Geschoss und unter dem Dach. Wie üblich befanden sich die Wirtschaftsräume im Kellergeschoss. Dazu gehörte die Küche, die über einen Aufzug mit der Anrichte neben dem Speisezimmer in Verbindung stand. Weiterhin befanden sich im Keller die Waschküche, Räume für die Wasserversorgung und für die im Schlösschen installierte Gasbeleuchtung. Die Baukosten für das Schloss, das damals bereits über einen Personanaufzug verfügte, betrugen 195 000 Mark.

Bis 1990 wurde das Schloss als zentrale Schulungsstätte der Staatlichen Versicherung der DDR genutzt, danach stand es leer. Ab 1993 erfolgte der Umbau zu einem privaten Internatsgymnasium, das im Sommer 1994 als erstes seiner Art in Mecklenburg-Vorpommern den Betrieb aufnahm.

Das Schloss liegt weitab vom Gutshof, inmitten eines Parks. Sowohl die Wiesen und Koppeln nordwestlich vom Schloss als auch

Schloss Torgelow

der Torgelower See sind in die Parkgestaltung mit einbezogen worden. Das Seeufer ist durch eine hohe Steinmauer eingefasst, so dass Besucher wie von einer Terrasse aus auf den See schauen können. Zum Baumbestand am Schloss gehören u. a. Tannenarten, Magnolien, Taxusbüsche in verschiedenen Wuchsformen, Platanen, Kieferngruppen und Neupflanzungen von Linden auf. Südwestlich, ganz nah am Schloss, ist eine viereckige Erhöhung zu finden, auf der alte Winterlinden und eine Platane stehen. Diese etwa zwei Meter über dem allgemeinen Parkniveau liegende Fläche weist auf eine an zwei Seiten von Wassergräben umgebene mittelalterliche Burgstelle hin.

Sehenswertes in der Umgebung: Schlösser, Gutshäuser und Parks in Demzin, Deven, Faulenrost, Federow, Groß Gievitz, Groß und Klein Plasten, Kargow, Pinnow bei Malchin, Rottmannshagen, Speck, Varchentin, Zettemin.

Ulrichshusen (Krs. Güstrow, F7)

Schloss Ulrichshusen ist eines der wenigen, nicht landesherrlichen Renaissanceschlösser, die die Wirrnisse der Zeit überstanden haben. Es wurde um 1562 für Ulrich von Maltzan, der bis dahin auf Grubenhagen, Rambow und Dahmen saß, erbaut. Es liegt auf einem früheren Burghügel, am südlichen Ufer des Ulrichshusener Sees, der im 19. Jahrhundert noch Kukuk-See bzw. Guck-Guck-See genannt wurde.

Das Haus ist durch ein Torhaus an der östlichen Seite zu erreichen. Der kleine Hof wird durch eine Eiche und den südlich an das rechteckige Schloss angefügten runden Treppenturm bestimmt. Das Schloss hat drei Geschosse, wobei die Mauern des Erdgeschosses aus behauenen Feldsteinen, die beiden Obergeschosse aber aus unverputzten Backsteinen bestehen. Die großen dreiteiligen Sprossenfenster des Erdgeschosses sind durch Rahmungen aus Backstein in die Feldsteinmauern eingelassen. Gemauerte breite Fensterstürze zeigen an, dass auch die Fenster des ersten Obergeschosses auf der Südseite einmal größer waren als heute, so wie es auf der Nordseite noch zu sehen ist. Der Treppenturm führt vom Keller bis zum verglasten fünften Geschoss auf Dachhöhe und ist heute mit einem Kegeldach oben abgeschlossen. Früher war die oberste Etage offen und das Dach war eine Haube mit Laterne an der Spitze. Auf der nördlichen, dem See zugewandten Seite ragt ein einachsiger Seitenflügel aus dem sonst rechteckigen Hause heraus. Das Schloss hat deshalb drei neu aufgebaute Schweifgiebel. Einen weiteren Giebel findet man am Verbindungsbau zum Torhaus.

Um 1980 stand das Schloss leer. Aus nie geklärten Umständen brannte es am 4. Februar 1987 im Gebäude, bei dem das Innere und der Dachstuhl zerstört und das Schloss zur Ruine wurde.

Dass das Bauwerk heute wieder hergestellt und bewohnt ist, ist dem Umstand zu verdanken, dass im Dezember 1992 Helmuth von Maltzahn von der Gemeinde Lupendorf den Zuschlag zum Kauf der Ruine erhielt. Er schaffte es, Schloss und Park zu rekonstruieren und zugleich eine große Scheune zum Konzertgebäude umzubauen, sodass Ulrichshusen seit 1994 der Mittelpunkt des sommerlichen Musikfestivals Mecklenburg-Vorpommern ist. Im

Schloss Ulrichshusen

Mai 1995 war Richtfest auf dem Torhaus. Das Schlossdach wurde im Sommer 1999 erneuert und im Jahr 2000 war schließlich auch der neue Kammermusiksaal fertig, für den Alexej Semakow (*1955) neue illusionistische Wandmalereien schuf.

Aus dem in der Barockzeit westlich vom Schlosshügel angelegten symmetrischen Park ist in der Vergangenheit ein Landschaftspark geworden. Nach der Beseitigung großer Mengen wilden Gehölzes und nach der Wiederherstellung großer Wiesenpartien sind nun Schloss und Park wieder in der freien Landschaft erlebbar, wenngleich auch die alten Rosskastanien und Eichen ihre beste Zeit bereits hinter sich haben.

Sehenswertes in der Umgebung: Schlösser, Gutshäuser und Parks in Basedow, Blücherhof, Demzin, Großen Luckow, Klocksin, Liepen, Marxhagen, Moltzow, Neu Gaarz, Panschenhagen, Pinnow, Vollrathsruhe.

Varchentin (Krs. Müritz, G7)

Varchentin liegt am nordöstlichen Rand des Kreises Müritz. In diesem Dorf wurde bis 1847 für den Hamburger Bankier Gottlieb Jenisch ein großes Schloss gebaut. Jenisch hatte das Gut 1836 von den verschuldeten von Ferbers erworben. Architekt des im Tudorstil erbauten Schlosses war der Schweizer Auguste de Meúron (1813-1898, Neufchâtel).

Dem Schloss östlich vorgelagert ist der Wirtschaftshof. Inzwischen sind neben den großen Wirtschaftsbauten auch einige Wohnhäuser neu entstanden.

Die Ostseite des Schlosses ist asymmetrisch angelegt. Die Mitte bildet das siebenachsige Haupthaus, das zwei Voll- und ein Mezzaningeschoss hat. Der Eingang ist leicht vorgezogen und durch gotische Fialtürmchen geschmückt. Zu den neogotischen Details gehört auch der Zinnenkranz, hinter dem sich das flache Dach verbirgt und die Fensterüberdachungen. Der Ziegelbau ist durch Putzquaderung und einen weißen Farbanstrich verschönt worden. Südlich und nördlich an das Haupthaus schließen sich anderthalbgeschossige Verbindungsbauten an, die zum Südflügel bzw. Turm überleiten. Am viergeschossigen, quadratischen Turm ist in römischen Zahlen (MDCCCXLVII) das Jahr der Fertigstellung des Schlosses festgehalten.

Weil das Schloss an einen Hang gebaut ist, zeigt sich die Parkfassade anders als die Hofseite. Hier erscheint das Schloss viergeschossig, weil das hohe Kellergeschoss zutage tritt. Hinter den großen Fenstern im nördlichen Verbinder liegt der Saal des Schlosses. Einige Räume des Gebäudes sind in alter Ausstattung erhalten. Dazu gehört auch ein Kamin mit vier Porträtköpfen, geschnitzten Tier- und Wappendarstellungen und Löwen, die die Säulenpaare links und rechts neben dem Kamin tragen.

Nach 1945 fanden im Schloss zunächst Flüchtlinge und Umsiedler eine Bleibe. 1980 erfolgte der Umbau zu einer Bildungseinrichtung der Forstwirtschaft. Nachfolgend wurde im Schloss für kurze Zeit das »Landschloss Varchentin« auf Pachtbasis und eine Gaststätte im Keller betrieben. Mehrere fehlgeschlagene Verkäufe führten dazu, dass das Schloss nunmehr leer steht; im Sommer 2001 fielen die ersten Zinnen vom großen Turm ab.

Das Schloss Varchentin

Sehr schön ist der etwa dreißig Hektar große Schlosspark. Peter Joseph Lenné hatte schon 1838 für G. Jenisch einen Parkplan entworfen. Darin hatte er das abfallende Gelände zwischen Schlossstandort und See als weiten Landschaftspark gestaltet. Hinzu kamen nach Süden ausgerichtete Gewächshäuser. Gottlieb Jenisch war damals in Hamburg für seine Ananaskulturen (unter Glas) bekannt und hat dies wohl auch in Varchentin betreiben wollen. Am nördlichen Parkrand ist heute die Ruine der einst im neogotischen Stil errichteten Gutsgärtnerei mit sehr alten Gewächshäusern zu sehen. Der Landschaftspark wartet mit einigen überraschenden Solitären auf. Dazu gehören rotblättrige Blutbuchen, Silberpappeln mit dichter weißer Behaarung der Blätter, auch Silberahorn, der nur an der Blattunterseite behaart ist, und Roteichen, die nur im Herbst, während der Laubfärbung, ihrem Namen alle Ehre machen. In unmittelbarer Nähe des Schlosses, direkt auf dem Hang und weit vom Wasser entfernt, ist neben einer Pyramideneiche eine Sumpfzypresse *(Taxodium distichum)* gepflanzt worden. Auf einer kleinen Halbinsel am östlichen Ufer des Sees, dort wo heute ein Lindenrondell steht, hat einst eine mittelalterliche Burg gelegen.

Vor 1945 gehörte Schloss Varchentin zuletzt dem Landesbauernführer Friedrich Franz von Grote.

Sehenswertes in der Umgebung: Burgen, Schlösser, Gutshäuser und Parks in Bredenfelde, Deven, Faulenrost, Federow, Groß Gievitz, Groß und Klein Plasten, Kargow, Kittendorf, Rottmannshagen, Speck, Stavenhagen, Torgelow, Zettemin.

Vietgest (Krs. Güstrow, E5)

Zwei Kilometer östlich der Autobahnabfahrt Güstrow liegt Vietgest. Dort wurde zwischen 1980 und 1990 das Barockschloss restauriert. Auftraggeber war die DDR-CDU, die im Schloss über ihre Wirtschaftsvereinigung VOB Union ein Schulungs- und Ferienheim einrichten wollte. Jetzt wird ein Hotel im Schloss betrieben.

Der dreiteilig gegliederte Barockbau wurde zwischen 1792 und 1794 für Johann Friedrich Boldt errichtet. Spätere Besitzer von Vietgest waren in der ersten Hälfte des 19. Jahrhunderts die Familie von Herzeele und ab 1841 die Fürsten von Schaumburg-Lippe. Eine Ähnlichkeit mit dem schon 1730/40 erbauten Schloss Kummerow ist nicht zu verkennen. Beiden Schlössern ist gemeinsam, dass der zweigeschossige Hauptbau über eingeschossige Galerien mit zwei quadratischen Pavillons verbunden ist.

Das Haupthaus des Schlosses hat elf Achsen, von denen die drei mittleren jeweils als Risalit hervorgehoben sind. Die Risalite schließt nach oben ein Segmentbogengiebel mit rundem Fenster ab. Vier Schornsteine, die schon von weitem zu sehen sind, und zwei Reihen von Mansardenfenstern zieren das Walmdach. Die übliche Umsiedlerbelegung und viele Jahre der Nutzung als

Schule hatten ihre Spuren im Schloss hinterlassen. Das Innere des Schlosses ist deshalb dem neuen Zweck entsprechend modernisiert worden, nur der große Saal mit seinen Stuckdekorationen wurde zwischen 1982 und 1984 originalgetreu wieder hergestellt.

Parallel zur Instandsetzung des Schlosses ist auch die Parkanlage erneuert worden. So ist nördlich vom Schloss die Zufahrt von der Dorfstraße her wieder mit Linden bepflanzt sowie die Auffahrt zum Schloss wieder hergestellt worden. Das vor dem Schloss gelegene runde Becken, die »Pferdeschwemme«, ist noch immer nicht saniert. Westlich vom Schloss steht die Ruine eines neobarocken Wirtschaftsgebäudes und östlich des Gebäudes befindet sich eine »Schnitterkaserne« (s. Alt Schwerin).

An der Südseite des Schlosses umgeben zwei Dammschüttungen hufeisenförmig die tiefer gelegene Pergola und Blumenbeete. Die beiden Dämme sind mit Linden bepflanzt, die etwa fünfunddreißig Jahre alt sind. Vorher standen dort alte Kastanienbäume. Kieswege erschließen den südlich vom Schloss liegenden barocken Parkbereich. In der Mittelachse von Schloss und Park wurde als Gegenstück zur »Pferdeschwemme« ein runder Teich angelegt. Weite Bereiche des Parks bestimmen Rasenflächen, auf denen nur wenige alte Bäume stehen. Dazu zählen, nahe am runden Teich, zwei starke, aber abgängige Blutbuchen. Eine Gruppe von Trauereschen komplettiert den alten Baumbestand in diesem Teil der Parkanlage. In der jüngeren Vergangenheit sind hier auch zahlreiche Rhododendron- und Taxusbüsche angepflanzt worden. Weiter westlich geht der Park in eine Waldpartie über – Überbleibsel eines Landschaftsparks, der im 19. Jahrhundert angelegt worden war. Ursprünglich erstreckte sich der Landschaftspark auch weiter nach Süden, wo er jedoch heute durch den Bahndamm der Strecke Teterow-Güstrow begrenzt und optisch abgeriegelt wird.

Sehenswertes in der Umgebung: Schlösser, Gutshäuser und Parks in Bellin, Carlshof, Charlottenthal, Groß Tessin, Hoppenrade, Kuchelmiß, Langhagen, Marienhof, Rossewitz, Spoitgendorf, Zapkendorf.

Vollrathsruhe (Krs. Müritz, E7)

In Vollrathsruhe steht oberhalb des heutigen Dorfes am Rand eines nur zwei Hektar großen Parks, der an der Straßenseite von einer Mauer eingefasst ist, ein sehr großes Schloss im Stil des Neobarock. Ein Vorgängerbau war 1918 abgebrannt und der Besitzer, H.-W. von Tiele-Winckler, ließ das Schloss wieder aufbauen, wobei die Inneneinrichtung modernisiert wurde.

Das Schloss zeigt mit der Nordostseite zum Dorf. Es hat dreizehn Achsen. Der Mittelrisalit mit aufwendigen Fenstern in der zweiten Etage ist dreiachsig. Zu dem trägt er einen Schweifgiebel, in dem drei Rundfenster und aufwendiger Putzschmuck zur Verzierung angebracht sind. Das Schloss hat ein Mansardendach mit jeweils acht bogigen Mansarden auf jeder Dachseite und zusätzlich dazu je vier Fledermausgauben auf den oberen Dachhälften. Auch die Giebelseiten des Daches sind mit Mansardenfenstern versehen. Die Fenster sind gerade überdacht und die Geschosse durch zwei Gesimse horizontal getrennt.

Der Putzbau hat durchgehend Putzquaderung und Eckrustifizierungen. Die Zufahrt des Schlosses liegt auf der Dorfseite und besteht aus einem Altan mit Unterfahrt. An der südöstlichen Seite des Schlosses ist ein dreiachsiger, zweigeschossiger Verbinder zu einem vierachsigen, zweigeschossigen Pavillon gleichen Stils angefügt. Diese Gebäudeanordnung ähnelt dem nicht fertig gestellten Barockschloss in Karlsburg (Krs. Ostvorpommern), wo es auch nur einen östlichen Seitenflügel aus Verbinder (Galerie) und Pavillon gibt. Auch die Parkseite des Schlosses besitzt einen aufwendigen dreiachsigen Mittelrisalit und einen hier sogar über fünf Achsen reichenden Altan, vor dem eine Terrasse mit Brüstung und Treppe zum Park liegt. Die Eingangshalle des Schlosses ist mit einem Dielenfußboden und einer hölzernen Kassettendecke ausgestattet. Eine einarmige Treppe mit Dockengeländer führt an der nordwestlichen Seite der Halle zu einer Galerie im ersten Geschoss des Hauses, die von zwei Säulen getragen wird. Die Dachgestaltung wie auch die Einrichtung der Halle ähnelt der Handschrift Paul Korffs, der nach eigenem Bericht auch schon vor 1920 für von Tiele-Winckler als Architekt gearbeitet hatte, leider ohne die betreffende Leistung detailliert zu benennen. Auch für dieses Schloss hat es alle Nutzungsformen der Nachkriegszeit gegeben. Es ist nach 1990 mehrfach verkauft worden, ohne dass ein neues Nutzungskonzept erkennbar war. Im September 2001 wurde es in Berlin erneut für 225 000 DM versteigert.

Der Park wird durch mehrere Teile einer Lindenallee bestimmt, die früher einmal symmetrisch links und rechts am Schloss angelegt waren und in eine »zusammengefasste« Allee nach Südwesten mündete, die aus dem Park hinausführte. Zwischen Schloss und einem Teich liegen Wiesenflächen mit Taxusbüschen, Tulpenbaum, Blutbuche, Rosskastanien und Stieleichen. Weiter südlich im Park steht ein leeres, oktogonales Mausoleum. Der Putzbau hat ein Schmuckportal mit zwei Wappen. Dort wachsen auch Hainbuchen und Roteichen.

Sehenswertes in der Umgebung: Schlösser, Gutshäuser und Parks in Alt Schwerin, Basedow, Blücherhof, Großen Luckow, Marxhagen, Moltzow, Neu Gaarz, Schloss Grubenhagen, Schorssow, Sparow, Ulrichshusen.

Wardow (Krs. Güstrow, E4)

Das Schloss Wardow gehört zu denen im Lande, die nach der Nutzung als Flüchtlingsunterkunft, Typhus- oder Tbc-Krankenhaus und/oder Kinderheim und als Schule bis zum gesellschaftlichen Umbruch 1990 und darüber hinaus genutzt wurden. Dies brachte zwar mit sich, dass diese Häuser erhalten blieben, jedoch hinterließ die Zeit ihre Spuren.

Bei Schloss Wardow handelt es sich um einen neogotischen Putzbau, der um 1840 im Tudorstil errichtet wurde. Bedingt durch permanenten Materialmangel und fehlende Baukapazität, besonders im denkmalpflegerischen Bereich, wurde das Schloss bei einer Sanierung um 1970 sehr stark vereinfacht. So verlor das mehrgliedrige unsymmetrische Schloss, das denen in Kittendorf (Krs. Demmin) und Altwigshagen (Krs. Ostvorpommern) sehr ähnelt, den Zinnenkranz an der Dachtraufe, die Ecktürmchen der Mittel- und Seitenrisalite, die abgewinkelten geraden Fensterüberdachungen und das vierte Geschoss des oktogonalen Eckturms an der südwestlichen Hofseite. Die gleiche Vereinfachung geschah mit den beiden kleineren runden Türmen an der Nordwest- und Nordostecke des Schlosses. Außerdem wurden im zweiten Geschoss die spitzbogigen Fenster des Mittelrisalits begradigt und die drei spitzbogigen Fenster im Seitenrisalit zu einem vereint. Zudem wurde das flache Walmdach mit Wellasbestplatten bedeckt. Geblieben sind dem Schloss neben der Grundgestalt aus der Entstehungszeit nur die beiden kielbogigen Durchgänge im Mittelrisalit, die zu dem eingezogenen Eingang des Hauses führen.

Im Park, der zum Teil südlich zwischen Schloss und Gutshof liegt, findet man Platanen, eine Blutbuche, Rosskastanien, Stieleichen und eine sehr starke Sommerlinde. Teile der Anlage wudren früher als Schulhof genutzt. Der Park erweitert sich nach Nordosten als verwilderter Landschaftspark in ein Bachtal hinein.

Sehenswertes in der Umgebung: Schlösser, Gutshäuser und Parks in Belitz, Boddin, Dalwitz, Diekhof, Duckwitz, Groß Wüstenfelde, Neu Polchow, Lühburg, Poggelow, Prebberede.

Schloss Wardow

Weiterführende Literatur

Autorenkollektiv: Natur und Umwelt (Ländliche Parkanlagen im Bezirk Rostock). Hrsg. vom Bezirksvorstand der Gesell. f. Natur u. Umwelt im Kulturbund der DDR. Beiträge aus dem Bezirk Rostock, H. 14,1989.

Adamiak, J.: Schlösser und Gärten in Mecklenburg. Leipzig 1975.

Boll, E.: Geschichte Mecklenburgs mit besonderer Berücksichtigung der Culturgeschichte. 2 Bände Neubrandenburg, 1855 und 1856.

Brandt, J.: Altmecklenburgische Schlösser und Herrensitze. Berlin 1925.

Burkhardt, A.: Mitten in Mecklenburg. Leipzig, 1983.

Dehio, G.: Handbuch der deutschen Kunstdenkmäler. Bd. 2, Nordost-Deutschland, Berlin 1906.

ders.: Handbuch der deutschen Kunstdenkmäler. Mecklenburg-Vorpommern, neubearb. Aufl., München 2000.

Eckhardt, G.: Schicksale deutscher Baudenkmale im Zweiten Weltkrieg. 2 Bnd., Berlin 1978.

Gehrig, O.: Das Schloss zu Güstrow, ein Hauptwerk der Renaissance in Deutschland. Güstrow, 2. Auflage, 1922.

Günther, H.: Peter Joseph Lennè – Gärten, Parke, Landschaften. Berlin 1985.

Hinz, G.: Ein Beitrag zur Kenntnis der Mecklenburgischen Parkanlagen unter besonderer Berücksichtigung der schöpferischen Tätigkeit des Peter Joseph Lennè. Gartenkunst, Jg.53-55, 1940-1942.

Jacobs, E.: Mecklenburgische Herrenhöfe. Dissertation TH Berlin, 1937.

Koch, W.: Baustilkunde. München 1990.

Krüger, G.: Kunst- und Geschichtsdenkmäler des Freistaates Mecklenburg-Strelitz. Neubrandenburg 1921-1934.

Lisch, G. Chr. F. u. F. Wedemeyer: Album mecklenburgischer Schlösser und Landgüter in Abbildungen der Residenzen.

Mielke, F.: Die alte Burg Penzlin Burgen und Schlösser. 13: 55-62, 1972.

Müther, H.: Friedrich Wilhelm Buttels Leben und seine Kirchenbauten. Neubrandenburg 1936.

Ohle, W.: Ehemalige Guts- und Herrenhäuser in Mecklenburg. In: Denkmalpflege in Mecklenburg, Jb. 1951/52, Dresden 1952.

Pocher, D.: Schlösser, Herrenhäuser und Kirchen in Mecklenburg-Vorpommern. Hamburg, 2001.

Schlie, F.: Die Kunst- und Geschichtsdenkmäler des Großherzogthums Mecklenburg-Schwerin. 5 Bände, Schwerin 1899-1905.

Schwarz, U.: Die niederadligen Befestigungen des 13. bis 16. (Jahrhunderts im Bezirk Neubrandenburg. (Beiträge zur Ur- und Frühgeschichte der Bezirke Rostock, Schwerin und, Neubrandenburg, Bd. 20), Berlin 1987.

Wendt, R.: Glashüttenbetrieb und Gutsherrschaft in Mecklenburg vom 17. bis 19. Jahrhundert. Wiss. Zeitschrift der Universität Rostock, gesell.- und sprachwiss. Reihe, 21:53-80,1972

Glossar

Allee, Baumgang, gebildet durch parallel verlaufende Baumreihen

Architrav, waagerecht auf Säulen aufliegender Balken

Arkade, Bogen der auf Säulen oder Pfeilern ruht, auch Bezeichnung für einen durch sie begrenzten Bogengang

Attika, brüstungsartiger Aufbau bzw. niedriger Mauerstreifen über dem Hauptgesims eines Gebäudes, einer Säulen- oder Pilasterordnung zur Verdeckung dahinter liegender Dächer

Auskragung, das Hervorspringen eines Bauteils aus der stützenden Wand

Backstein, künstlicher Baustein aus luftgetrocknetem oder gebranntem Lehm oder Ton, vermischt mit Zuschlagstoffen. Stark gebrannte oder gesinterte Backsteine bezeichnet man als Klinker.

Balkon, offener, mit einer Brüstung versehener aus der Fassade hervortretender, nicht vom Boden gestützter Austritt an Obergeschossen

Balustrade, Brüstung mit Freistützen (Balustern oder Docken), Basis, Fuß einer Säule oder eines Pfeilers

Bastion, ursprünglich ein vor eine Festung gesetztes Bollwerk zur Sicherung des Vorfelds

Bergfried, Bergfrit, Belfried, Berchfrit, Haupt-und Fluchtturm einer mittelalterlichen Burg

Blende, Scheinarchitektur, die Bögen, Arkaden, Fenster oder Portale einer geschlossenen Wand »blind« vorsetzt, ohne eine dahinter liegenden Öffnung

Brüstung, im Gegensatz zur offenen Balustrade ein geschlossenes Wandstück

Burg, bewohnte Wehranlage das Altertums und des Mittelalters. Bauliche Sicherung durch Gräben, Ringmauer mit Wehrgängen, Toren und Zugbrücken. Innerhalb der Mauern befanden sich i.d.R. der Bergfried, Palas mit Wohnräumen, Burgkapelle, Brunnen oder Zisterne.

Chinoiserie, Nachahmung ostasiatischer Dekorations- und Bauformen in der europäischen Architektur

Dendrologie, wissenschaftliche Baum- und Gehölzkunde

Englischer Garten, auch Landschaftsgarten, ein künstlich angelegter, aber der Natur weitgehend entsprechender Park.

Erker, vorkragender geschlossener Ausbau, häufig über mehrere Geschosse reichend, jedoch stets ohne Erdgeschoss

 Etage, auch Geschoss oder Stockwerk

***Fa**chwerk,* Bauweise bei der die statische Konstruktion aus einem Holzbalkengerüst besteht. Die so gebildeten Gefache werden mit Bohlen, Lehmflechtwerk oder Ziegeln geschlossen.

Fassade, Ansichtsseite eines Gebäudes

Fensterüberdachung, Bekrönung der Fenster mit Gesimsen oder Giebeln

Fiale, türmchenartiges Zierglied, das einen gotischen Pfeiler bekrönt

Flachdach, Dachform mit einer Neigung unter 25°

Fledermausgaube, flaches Dachfenster unter sanft angehobener Dachhaut, s. auch Gaube

Flügel, Gebäudeteil der einem Hauptbau durch seitliche, rechtwinklige oder schräge Angliederung baulich oder funktionell untergeordnet ist

Französischer Garten, Park des 17. und 18. Jahrhunderts., gekennzeichnet durch die zentrale, zum Schloss als Mittelpunkt führende Hauptachse, durch Rondelle, geometrisch geschnittene Baum- und Heckenpflanzungen, Kanäle, Springbrunnen und Plastiken

Freitreppe, offene Treppenanlage, die zum erhöhten Erd- oder ersten Obergeschoss führt

Fries, dekorativer durch Malerei, Ornamentik und figürliche Darstellung geschmückter Flächenstreifen

***G**aube,* Gaupe, Dachfenster mit eigener Bedachung. Bei geschosshohem Ausbau Unterscheidung in Dacherker, Lukarne und Zwerchhaus

Gesims, auch Sims, waagerecht aus der Mauer hervortretender Streifen. Das Gurtgesims trennt Geschosse voneinander.

Gewölbe, gekrümmte Raumdecke aus Steinen, deren Fugen auf den Mittelpunkt der Wölbung gerichtet sind

Giebel, dreieckiger, abschließender Außenwandteil eines Satteldachs; auch, Zierform über Portalen, Fenstern oder Wandnischen; bei Anordnung über Risalit auch als Frontispiz bezeichnet

***H**of,* durch Einfriedung, Wälle, Gräben oder Bauten begrenzter Frei- oder Nutzraum

***I**ntarsien,* kunsthandwerkliche Einlegearbeiten in Holz, Stein oder Stuck, bei der verschiedenfarbige Teile zu Ornament oder Bilddarstellungen zusammengesetzt werden

***K**amin,* halboffen gemauerte Feuerstelle mit einem darüber liegenden Rauchabzug

Kapelle, kleiner sakraler Kultraum; auch Bezeichnung für Kirchen ohne eigenes Pfarrecht

Kapitell, Kopf einer architektonischen Stütze (Pfeiler, Säule, Pilaster) zur Erweiterung des Auflagers

Kartusche, Zierrahmen für die Aufnahme von Inschriften, Wappen, Zahlen usw., aus einer schildartigen Fläche und einem Rahmen aus Rollwerk bestehend

Kassettendecke, durch sich überkreuzende Balkenlagen in einzelne, vertiefte Felder aufgeteilte flache oder gewölbte Decke. Die so gebildeten Felder (Kassetten) können bemalt oder anderweitig geschmückt sein.

Keller, Keller-, Untergeschoss, Souterrain, unter dem Erdgeschoss liegende, in das Bodenniveau eingetiefe Räume eines Gebäudes.

Klinker, durch starke Brennwirkung gesinterter Backstein mit hoher Wiederstandfähigkeit, kann glasiert sein

Kolossalordnung, Säulenordnung, die über mehrere Etagen reicht

Korridor, Laufgang im Gebäude oder außerhalb einer Zimmerflucht

***L**aterne,* von Fenstern oder Öffnungen durchbrochenes Türmchen auf Kuppeln und Dächern

Lisene, aus der Mauer hervortretender schmaler, senkrechter und flacher Streifen. Im Gegensatz zum Pilaster ohne Basis und Kapitell.

Lünette, halbkreisförmiges Bogenfeld über Türen und Fenstern

***M**ansarde,* das zu Wohnzwecken ausgebaute Dachgeschoss

Mansardendach, geknicktes Sattel- oder Walmdach, dessen untere Flächen steiler verlaufen als die oberen und sich daher zum Ausbau zu Wohnzwecken eignen. Benannt nach dem französischen Architekten Hardouin-Mansart (1646-1708).

Marstall, Pferdestall eines Schlosses

Mausoleum, aufwendig gestaltetes Grabmal, abgeleitet vom Grabmal des Königs Maussolus in Halikarnass/Kleinasien (um 325 v. u. Z.)

Medaillon, Bild oder Relief in rundem oder ovalem Rahmen

Mezzanin, niedriges Halb- oder Zwischengeschoss, meist unter dem Dach oder über dem Erdgeschoss

***N**ische,* Wandgliederung in Form einer Mauervertiefung mit viertelkugliger Abschlusswölbung

***O**belisk,* hoher, rechteckiger, sich nach oben verjüngender Steinpfeiler

Oberlicht, in die Decke von Räumen eingelassene, verglaste Fensteröffnung zur Tageslichtversorgung

Ochsenauge, runde oder ovale Fensterform

Oktogon, regelmäßiges Achteck

Orangerie, meist heizbares Gewächshaus für nicht winterharte Pflanzen, mit nach Süden ausgerichteter Glasfassade

Ornament, künstlerisches Schmuck- und Gliederungselement, das sich durch seine geschlossene Form auszeichnet

Palas, Wohnbau der mittelalterlichen Burg

Paneel, ursprünglich hölzerne Wandverkleidung, später reduziert auf das als Abstellmöglichkeit benutzte vorkragende obere Abschlussbrett

Parterre, das zu ebener Erde liegende Geschoss eines Gebäudes; auch die einem Gebäude (Schloss) vorgelagerte, ebene Garten(Rasen-)fläche

Pavillon, ursprünglich die Bezeichnung für ein Rechteckzelt, dann übertragen auf kleine frei stehende Gartenbauwerke. Seit dem 18. Jahrhundert auch verwendet für plastisch stark aus der Fassade heraustretende Gebäudeteile.

Pergola, aus Pfeilern oder Pfosten bestehender Laubengang, an dem Pflanzen ranken können

Pfeiler, senkrechte Stütze mit rechteckigem oder polygonalem Querschnitt

Pilaster, auf Außen- und Innenwänden flach aufliegender Wandpfeiler mit Basis, Schaft und Kapitell

Polygon, Vieleck

Portal, durch Größe und Schmuck betonter, repräsentativer Gebäude- oder Hofeingang

Portikus, von Säulen oder Pfeilern gestützter Vorbau eines Gebäudes

Profanbau, weltliches Bauwerk

Quader, massiver, rechteckiger Werksteinblock (Naturstein)

Quaderung, Nachahmung von Quadermauerwerk durch Putz- oder aufgemalte Fugen

Rampe, schräge Auffahrt

Risalit, in seiner ganzen Höhe, einschließlich Dach, vorspringender Teil eines Gebäudes. Unterscheidung in Mittel-, Seiten- und Eckrisalit

Rollwerk, Ornament bei dem die Enden bandartig aufgerollt sind

Säule, Stütze mit rundem, polygonalen oder profiliertem Querschnitt

Schleifung, Niederlegung, Zerstörung alter Befestigungswerke, Begriff wird auch übertragen verwendet

Schloss, landschaftsbeherrschender Wohnbau des Adels in der Periode des Feudalismus. Später umgangssprachlich für ein repräsentatives Bauwerk, besonders auf dem Land, verwendet.

Solitär, großer, einzeln gefasster Edelstein. Begriff übertragen auf einen frei stehenden Baum

Souterrain, ein in den Erdboden eingelassenes Wohngeschoss eines Hauses

Steildach, Dachform mit einer Neigung von mehr als 30°

Stuck, leicht knet- und formbare, schnell trocknende Masse aus Kalk,

Gips und Sand. In geglätteter und polierter Form auch als Marmorersatz verwendet.

Stuckatur, Dekoration eines Innenraums oder einer Fassade, z. T. als vorgefertigte, in Formen gegossene und anschließend versetzte Massenprodukte

Supraporte, durch Malerei, Stuck oder Schnitzerei gestaltetes, gerahmtes Zierfeld über Türstürzen

***T**errakotta,* gebrannter, unglasierter Ton in Farbabstufungen von weiß über braun bis tiefrot, mit hoher Wetterfestigkeit

Terrasse, ebene, erhöhte Fläche im Anschluss an ein Gebäude

Traufe, waagerechte untere Kante und Regenwasserablaufseite des Daches an der Langseite eines Gebäudes

Treppenturm, an der Außenwand eines Gebäudes angesetzter, oft turmartig erhöhter Baukörper, der im Innern eine Treppe enthält

***V**eranda,* Vorraum eines Hauses oder Balkon mit leichter Überdachung

Verblendung, Verkleidung des rohen Mauerwerks durch Backsteine, Klinker, Naturstein oder Keramik

Volute, spiralförmig aufgerollte plastische Verzierung

Voute, eine meist im Viertelkreis verlaufende Ausrundung als Verbindung zwischen Wand und Decke von Innenräumen

***W**erkstein,* Haustein, Naturstein

***Z**entralbau,* Bauwerk dessen Grundrissformen kreisrund, oval, quadratisch oder regelmäßig polygonal sind. Bauwerk mit betonter Mitte

Zinne, Zacke der Brüstungsmauer einer mittelalterlichen Wehranlage. Die Gesamtheit der Zinnen bilden den Zinnenkranz. Die zwischen den Zinnen liegenden Einschnitte sind die Schießscharten.

Zwerchgiebel, giebelförmiger Aufbau an der Traufseite eines Daches

Zwerchhaus, Dachhäuschen mit einem quer (zwerch) zum Hauptdach verlaufenden First